問い続ける 学び続ける

生徒指導・キャリア教育

[編著]

友清由希子・黒川雅幸・小泉令三

北大路書房

は じ め に

　本書は，生徒指導・キャリア教育について初学者が理解を深める手掛かりになればという願いのもとに作成しました。

　本書の執筆者は，生徒指導やキャリア教育の研究者ですが，教職経験やスクールカウンセラー等の子どもの心理臨床の経験をもつ者も含まれます。また，すべての執筆者が大学で教員養成に関わっており，専門分野も心理学と教育学，学校保健のそれぞれから構成されています。このため，生徒指導・キャリア教育の歴史的背景や法令等を踏まえながら，実務的な視点で生徒指導・キャリア教育について考えるポイントを提示することができました。

　読者としては，教員免許の取得を希望する方や教職について日が浅い方を想定していますが，改めて生徒指導・キャリア教育について問い直してみたいという経験者にもご利用頂ければ幸いです。

　本書には次のような特長があります。

問いにはじまり，問いに続く

　各章の冒頭に問いを設けました。問いに対する自分の考えをメモしてから読み進めて頂ければと思います。授業のテキストとして本書を用いる際は，授業の導入として冒頭の問いについてグループディスカッションをするといった活用も考えられます。

　冒頭の問いについては本文が問いの解説となるようになっていますが，章末の問いには，あえて解説をしていません。本書を読むことを契機に読者が考え続け，周りの方と意見の交流を続けられることを願っています。

生徒指導提要の改訂を踏まえている

　本邦の生徒指導におけるガイドラインである『生徒指導提要』が 2022 年に改訂されました。改訂には，今まで以上に子どもを中心に考え，全ての子どもたちの育ちを支えることが生徒指導であるという姿勢と，社会情勢を踏まえて子どもの背景の多様性に目を向けつつ生徒指導に取り組んでいくという姿勢が反映されていると思います。本書は，この改訂とコアシラバスを踏まえ，児童生徒理解のポイントと生徒指導の在り方について，『生徒指導提要（改訂版）』を参照しながら読むことで，学生の皆さんは自分が教師であったらどのように指導・支援をするか考えることに，既に教職に就いている方は目の前の子どもたちの理解やこれからの生徒指導に，役立てて頂ければと思います。

最新情報を参照できる

　社会の変化はめまぐるしく，法令の改正や新たな通知の発出なども頻繁に行われています。教育には新しいこと，変化を柔軟に取り入れていくことが大切ですが，教職科目に関わるテキストを刊行すると，すぐに統計情報などが古くなってしまうということが悩みの種でした。本書では，読者の皆さんが統計調査などの最新情報に触れることができるように，いくつかの QR コードを掲載しています。しかし，QR コードとひもづけられている URL が変更されることや，情報の更新が行われないこともあり得ます。各自で文部科学省やこども家庭庁等，官公庁のサイト等で最新情報をチェックしてください。

　本書が，よりよい生徒指導・キャリア教育に寄与できることを願っています。

2024 年　秋　友清由希子・黒川雅幸・小泉令三

学生・授業担当者の皆さんへ

～本書の使い方～

　本書は，教職科目の生徒指導・キャリア教育の授業で用いることを想定している。各章の「ポイント」や「問い」を利用して，次のように学習を進めてほしい。

学習のポイント

　各章の扉ページに3〜5点の学習のポイントが示してある。提示されたポイントを意識しながら学習を進めていこう。学習のポイントの内容は，各章の到達目標というよりは，最低限押さえておくべきポイントをイメージしている。学習のポイントに関連する内容について，授業前に既に他の授業等で学んだことを整理しておき，授業後に関連書籍や文部科学省ウェブサイトに掲載されている資料等を読むなど，授業時間外学習でも活用してほしい。

冒頭の問い

　続きを読む前に，自分なら
どのように問いに答えるかを
考え，書き出してみよう。こ
こでは，正解を書くことでは
なく，自分で考えることが目
的である。ネットで答えを検
索するのではなく，これまで
の大学の授業で学んだことや
自分の学校生活を振り返って，
考えてみよう。

　授業では，この問いをめ
ぐって，他の学生と自由に討論をしてみよう。意見を一つにまとめることより
も，一つの問いに対して様々な意見があり得ることを体験してもらいたいと考
えている。

章末の問い

　授業のまとめとして討論の
テーマにしてもよいし，授業
時間外学習のレポートテーマ
にしてもよいだろう。ここで
は，生徒指導・キャリア教育
にとどまらず，教育とは何か，
子どもの成長に大人ができる
ことはどのようなことかとい
う，大きな視点につながる問
いを投げかけている。教師に
必要な資質の一つは，探究心をもちながら主体的に問いについて考え続けるこ
と，自分ならどうするか他者と意見を交わし続けることであると考えている。
今後の大学生活で，また大学を卒業した後も考え続けてほしい内容となってい
るので，折に触れて章末の問いに立ち返って頂ければ幸いである。

もくじ

はじめに *i*
学生・授業担当者の皆さんへ *iii*

第1章 生徒指導とは何だろうか？
──児童生徒の成長や発達を"支える"生徒指導の意義と原理 *1*

1. 生徒指導とは *2*

   (1) 生徒指導の定義／(2) 生徒指導の目的／(3) 実践上の留意点／(4) 生徒指導と教育相談

2. 生徒指導の構造 *5*

   (1) 2軸3類4層構造／(2) 発達支持的生徒指導／(3) 課題未然防止教育／(4) 課題早期発見対応／(5) 困難課題対応的生徒指導

3. 教育課程と生徒指導 *9*

   (1) 教科の指導と生徒指導／(2) 道徳教育における生徒指導／(3) 総合的な学習／探究の時間における生徒指導／(4) 特別活動における生徒指導

第2章 チームによる組織的対応とは？
──生徒指導の組織的指導体制とスクール・コンプライアンス *15*

1. 生徒指導体制 *16*

   (1) 組織的指導の意義／(2) チーム学校とは／(3) 生徒指導における校内組織

2. 生徒指導マネジメント *19*

   (1) 生徒指導の年間指導計画／(2) PDCAサイクルによる年間指導計画の立案

3. スクール・コンプライアンス *22*

   (1) スクール・コンプライアンスとは／(2) 児童生徒への体罰と性暴力

第3章 生徒指導上認められる，必要かつ合理的な範囲内の制約とは何か？──生徒指導に関連する法令 *29*

1. 法令からみる生徒指導 *30*

   (1) 日本国憲法／(2) 教育基本法／(3) 学習指導要領／(4) その他関係法令

2. 児童生徒の懲戒と出席停止 *35*

   (1) 児童生徒の懲戒／(2) 出席停止

3. 校則と生徒指導 *37*

v

（1）校則の法的性質と教育的意義／（2）校則見直しの動き

4. 違法および不適切な指導と生徒指導　39

（1）ハラスメント／（2）体罰／（3）不適切な指導

第4章　不適応予防と適応促進にはどうしたらよいのか？
——すべての児童生徒を対象とした生徒指導　45

1. 子どものもつニーズへの対応　46

（1）子どもの教育的ニーズ／（2）一次的援助サービスとしての生徒指導／（3）学校適応と学力向上

2. 人と関わる力の育成　48

（1）社会性と情動の学習（SEL）／（2）認知能力と非認知能力

3. SEL プログラム　49

（1）SEL プログラムの例／（2）重要な教育課題への対応／（3）SEL プログラムの学習方法

4. SEL プログラムの組織的実践　55

（1）校内体制と教育課程／（2）実践継続の効果

第5章　学級づくりに必要な学級担任の力とは何か？
——学級づくりにおける教師の役割　59

1. 学級適応　60

（1）学級の特徴／（2）学級開き／（3）学級適応

2. 学級適応のアセスメント　63

（1）学級適応のアセスメント／（2）アセスメントを踏まえた学級づくり

3. 学級づくりにおいて教師が具備すべきこと　67

（1）教師のリーダーシップ／（2）教師と子どもの信頼関係

4. 学級における子どもの関係　68

（1）フォーマル集団とインフォーマル集団／（2）対人葛藤

第6章　いじめをなくすことはできるのか？
——いじめの現状と対応　73

1. いじめとは　74

（1）いじめの定義の変遷／（2）いじめの実態／（3）いじめの構造

2. いじめ防止のための方針と組織　77

（1）いじめ防止基本方針／（2）いじめ防止等に関わる組織

3. いじめ対応の重層的支援構造　79

（1）発達支持的生徒指導／（2）課題未然防止教育／（3）課題早期発見対応／（4）困難課題対応的生徒指導

4. いじめの重大事態への対応　83

（1）いじめの重大事態における対応／（2）第三者委員会の役割

もくじ

第7章 どうすれば自分や他人を傷つけずに成長することができるのか？
——**暴力行為・非行**　*87*

1. 暴力行為とは　*88*
　　(1) 学校における暴力行為／(2) 発達の問題と暴力行為
2. 非行とは　*90*
　　(1) 非行少年と不良行為少年／(2) 少年非行の処遇／(3) 少年非行に関する近年の状況
3. 暴力行為，非行とどのように関わるか　*96*
　　(1) 組織的な生徒指導体制による防止・早期発見／(2) 被害・加害の聴き取りについて／(3) 出席停止／(4) 懲罰から発達支持的指導へ

第8章 安心して学ぶことのできる学校とは？
——**不登校の理解と支援**　*101*

1. 不登校の現状と支援　*102*
　　(1) 不登校の現状／(2) 緊急性のアセスメント／(3) 支援につなぐ／(4) 登校刺激
2. 不登校の背景　*106*
　　(1) 発達の凸凹と不登校／(2) ネットの使いすぎと不登校／(3) いじめと不登校／(4) 児童虐待と不登校／(5) ヤングケアラーと不登校／(6) 教職員の不適切な関わりと不登校
3. 高校生の不登校と中途退学　*111*
　　(1) 未然防止の重要性／(2) 中学校で不登校経験のある生徒の支援／(3) 高校での特別支援教育／(4) 中途退学する生徒への支援
4. 不登校を生まない学校づくり　*112*

第9章 児童生徒が SNS やインターネットとうまく関わっていくためには？——**性が関わる課題やトラブルも含めて考える**　*115*

1. インターネットと子どもたち　*116*
　　(1) インターネットの普及と学校教育／(2) GIGA スクール構想
2. インターネットに関わる課題やトラブル　*118*
　　(1) 顔の見える範囲での課題やトラブル／(2) 顔の見えない範囲での課題やトラブル
3. 性・思春期・学校教育　*121*
　　(1) 思春期とは何か／(2) 学校性教育の現状
4. 性に関わる課題やトラブル　*123*
　　(1) 10 代の妊娠／(2) 性感染症／(3) LGBTQ＋／(4) 性暴力
5. インターネットや性に関わる課題・トラブルに学校はどのように対応・対処すればよいのか　*127*
　　(1) 学校・教師としての対応・対処／(2) 外部機関との連携

vii

第10章 虐待から子どもを救うためにはどうしたらよいのか？
——児童虐待の現状と対応　131

1. 児童虐待とは　*132*
　　(1) 児童虐待の現状と関連する法律／(2) 児童虐待の定義

2. 児童虐待の発見と対応　*135*
　　(1) 学校における対応／(2) 虐待を受けている子どもの特徴と早期発見

3. 関係機関との連携　*138*
　　(1) 虐待対応における校内の体制／(2) 関係機関との連携／(3) 要保護児童対策地域協議会への参加／(4) 児童虐待の防止

4. 虐待を受けた子どもへの対応　*141*
　　(1) 児童虐待が及ぼす子どもへの影響／(2) 虐待を受けた子どもへの関わり

第11章 二次的な問題の背景は？
——特別支援教育と生徒指導　145

1. 問題行動からみた発達障害のある児童生徒の理解　*146*
　　(1) 問題行動の背景と特別支援教育／(2) 発達障害（神経発達障害）のある児童生徒の困難さ／(3) 問題行動（不適応行動）のきっかけとなる子どもの心理状況

2. 合理的配慮の提供　*148*
　　(1) 障害者差別解消法と合理的配慮／(2) 通常の学級に在籍する特別な教育的支援を必要とする児童生徒／(3) 個別の教育支援計画，個別の指導計画の作成

3. 個別の課題に配慮した授業づくり　*150*
　　(1) 個別の課題の把握／(2) ユニバーサルデザインの授業づくり／(3) 合理的配慮の提供

4. 特別支援教育の視点から教育環境を整備する　*155*
　　(1) 特別支援教育コーディネーターと校内委員会の役割／(2) 交流および共同学習の推進と心のバリアフリーの実践／(3) 支持的風土を醸成する学級経営

第12章 どうしてキャリア教育が必要なのか？
——進路指導・キャリア教育の意義と原理　161

1. キャリア教育とは　*162*
　　(1) キャリア教育の定義／(2) キャリア教育を支える基礎理論

2. キャリア教育の登場　*164*
　　(1) 職業指導・進路指導の理念と課題／(2)「接続答申」とキャリア教育の登場

3. キャリア教育の発展　*167*
　　(1)「在り方答申」とキャリア教育の発展／(2)「在り方答申」以降のキャリア教育政策

もくじ

第13章 すべての教育活動を通したキャリア教育はどのように行われているのか？——進路指導・キャリア教育とカリキュラム・マネジメント　*171*

1. 学校のすべての教育活動を通したキャリア教育　*172*

（1）知識基盤社会におけるキャリア教育への期待／（2）教育課程における進路指導・キャリア教育の位置づけ／（3）キャリア教育のカリキュラム・マネジメントと組織的な指導体制

2. キャリア教育の「要」としての特別活動　*175*

（1）キャリア教育と特別活動／（2）特別活動におけるキャリア教育のポイント／（3）特別活動における体験活動とキャリア教育

3. 総合的な学習／探究の時間や各教科におけるキャリア教育のポイント　*178*

（1）各教科におけるキャリア教育のポイント／（2）総合的な学習／探究の時間におけるキャリア教育のポイント

第14章 子どもの進路選択を支える教師であるために——進路相談とキャリア・カウンセリング　*181*

1. 進路相談，キャリア・カウンセリングとは　*182*

（1）進路相談，キャリア・カウンセリングの現状／（2）進路相談，キャリア・カウンセリングの定義

2. キャリア・カウンセリングの理論と進め方　*185*

（1）キャリア・カウンセリングの理論／（2）個別の指導・援助で目指すもの／（3）個別支援の実際

3. 進路相談，キャリア・カウンセリングとキャリア教育　*188*

（1）キャリア教育とキャリア・カウンセリングをどうつなぐのか／（2）子どもの変容をどう捉えるか

第15章 学校における効果的な多職種連携とはどのようなものか？——保護者・地域・関係機関との連携　*191*

1. 連携の概要　*192*

（1）連携の観点における「チーム学校」の考え方／（2）地域の社会資源との連携

2. チーム学校を基盤とした校内での専門家との連携　*193*

（1）校務分掌とチームとしての学校／（2）教員以外の専門家との連携

3. 身近な社会との連携　*196*

（1）保護者との連携／（2）近隣地域との連携／（3）拡大された地域との連携／（4）クライシスマネジメント

4. 専門機関との連携　*200*

（1）福祉領域の連携／（2）医療・保健領域の連携／（3）司法・矯正領域の連携

5. 学校における効果的な多職種連携　*204*

索　引　*207*

第1章

生徒指導とは何だろうか？
―― 児童生徒の成長や発達を "支える"
生徒指導の意義と原理

≪≪≪　学習のポイント　≫≫≫

- ✅ 生徒指導の定義と目的を説明できる。
- ✅ 生徒指導の重層的支援構造について，その概要を説明できる。
- ✅ 教育課程における生徒指導の位置づけを理解する。

> 生徒指導と聞くと，どんなことをイメージするだろうか。これまでの経験を振り返る中で，校則違反をした児童生徒への指導や注意を生徒指導と思っている人もいるかもしれない。しかし，2022年12月に生徒指導に関する学校・教職員向けの基本書である『生徒指導提要』が改訂された。この改訂により，生徒指導の考え方が大きく変わることになるだろう。あなたは，「支える」生徒指導を受けた経験がありますか？　と質問されたら，なんと答えるだろうか。

1. 生徒指導とは

(1) 生徒指導の定義

　学校現場では，いじめ・不登校，暴力行為といった学校不適応に関する問題行動が引き続き大きな課題となっている。特に，近年の児童生徒を取り巻く環境の大きな変化により，いじめの重大事態や児童生徒の自殺者数の増加傾向が続き，生徒指導上の課題が深刻化している。こうした状況に対して「いじめ防止対策推進法」や「義務教育の段階における普通教育に相当する教育の機会の確保等に関する法律」の成立等法整備が進む中，生徒指導に関する今日的な課題に対応すべく，2022年12月に『生徒指導提要』が改訂された。

　改訂された『生徒指導提要』（文部科学省，2022）では，生徒指導の定義を「児童生徒が，社会の中で自分らしく生きることができる存在へと，自発的・主体的に成長や発達する過程を支える教育活動のことである。なお，生徒指導上の課題に対応するために，必要に応じて指導や援助を行う。」としている。これまでの生徒指導の定義（文部科学省，2010）と比較すると，これからは，自発的・主体的な児童生徒の姿が生徒指導の中心にあり，教師は児童生徒の成長や発達を支える立場であることが明確に示されたといえる。児童生徒の成長や発達を教師が"支える"という点が改訂された『生徒指導提要』のキーワードとなる

が，もちろん児童生徒が直面した課題によって，教師が主体となって必要な指導や援助を行うことは，これまで通りである。

(2) 生徒指導の目的

　生徒指導の目的は，「児童生徒一人一人の個性の発見とよさや可能性の伸長と社会的資質・能力の発達を支えると同時に，自己の幸福追求と社会に受け入れられる自己実現を支えること」（文部科学省，2022）である。これまでの生徒指導（『生徒指導提要』文部科学省，2010）と比べると，児童生徒一人ひとりのよさや可能性が最大限に伸長されるように，きめ細かい実態把握と個に応じた指導・支援を行うこと，そして，児童生徒一人ひとりの幸福（ウェルビーイング）と社会的自己実現を，可能な限り最大化できるように支えることが強調されている。これは「全ての子供たちの可能性を引き出す，個別最適な学びと，協働的な学び」の実現を目指す「令和の日本型学校教育」の構築においても重要視されている（中央教育審議会，2021）。

　生徒指導の目的を達成するためには，「自発的，自律的，かつ，他者の主体性を尊重しながら，自らの行動を決断し，実行する力，すなわち，『自己指導能力』を獲得すること」（文部科学省，2022）が重要である。そのため，教師は，教育課程内外を問わず，学校生活のすべての教育活動を通して，自己指導能力の獲得を支えることが求められている（教育課程については，本章3.を参照）。

(3) 実践上の留意点

　『生徒指導提要（改訂版）』（文部科学省，2022）では，こうした児童生徒の自己指導能力の獲得を支える生徒指導を行う上での留意点が4点示されている。これらは，すべての教育活動の中で，児童生徒一人ひとりの幸福と社会的自己実現の追求に向けた生徒指導を実践するための基礎的な視点となる。

① 自己存在感の感受

　児童生徒一人ひとりが，学校生活の中で「自分はかけがえのない存在であり，大切にされている」「自分はこの学校や学級の一員であり，ここにいてもいいん

だ」という自己存在感を実感することが大切となる。加えて，ありのままの自分を肯定する感覚である自己肯定感や，自分が誰かの役に立った，認められたという自己有用感[*1]を抱くことも重要である。

② **共感的な人間関係の育成**

例えば，いじめに対して否定的な学級規範や学級内の結束力等の学級集団の質がいじめの生起に影響することはこれまでの研究で報告されている（例えば，外山・湯，2020）。そのため，いかにお互いに認め合い・励まし合い・支え合える人間関係や学級集団を構築していくかが重要となる。

③ **自己決定の場の提供**

児童生徒が自己指導能力を獲得するためには，学校生活のさまざまな場面で，自ら考え，選択・決定し，実行する経験が重要である。学習場面では「主体的・対話的で深い学び」の実現に向けて，自らの意見を述べたり，自己の仮説を検証し，発表したりする体験が求められる。また，学級活動／ホームルーム活動の場面でも，学級でのルールを児童生徒自身で協議し，決定するような経験をすることが大切となる。

④ **安全・安心な風土の醸成**

いじめや暴力行為にかかわらず，他者の人格や人権を侵害することは決して許されるものではない。児童生徒が安全に，かつ安心して学校生活を過ごせることは，生徒指導にとどまらず，教育を行う上での基盤といえる。「安全・安心な風土の醸成」は，『生徒指導提要』の改訂によって新たに加えられたが，児童生徒が失敗を恐れず主体的に課題に挑戦したり，多様な他者と協働して創造的な活動に取り組んだりする上で重要な視点といえよう。

(4) 生徒指導と教育相談

文部科学省（2022）によると，教育相談は「主に個に焦点を当てて，面接やエクササイズ（演習）を通して個の内面の変容を図ることを目指して」いる。そ

[*1] 「自分と他者（集団や社会）との関係を自他共に肯定的に受け入れられることで生まれる，自己に対する肯定的な評価」（国立教育政策研究所，2015a）

第1章 生徒指導とは何だろうか？

れに対して，生徒指導は「主に集団に焦点を当て，学校行事や体験活動などにおいて，集団としての成果や発展を目指し，集団に支えられた個の変容を図」るものとされている。例えば，いじめ問題への支援を考えると，教育相談では，いじめの加害者や被害者への指導や相談援助等の個に対する援助が行われ，生徒指導では，いじめについて考える授業や指導等の集団への援助が行われる。

近年の社会の急激な変化により，児童生徒一人ひとりの教育的ニーズが多様化・複雑化してきている。こうした児童生徒の個別性・多様性，家庭環境の複雑性に応じた支援をする上で，教育相談は生徒指導の一環として位置づけられ，その中心的役割を担うものといえる。

2. 生徒指導の構造

(1) 2軸3類4層構造

『生徒指導提要（改訂版）』（文部科学省，2022）では，生徒指導を構造的に捉えるために，時間軸，対象，課題性という観点から2軸3類4層の重層的支援構造モデルを示した（図1-1）。

2軸は，時間軸による分類で，「常態的・先行的（プロアクティブ）生徒指導」と「即応的・継続的（リアクティブ）生徒指導」に分けられる。常態的・先行的（プロアクティブ）生徒指導は，諸課題が起こる前の児童生徒の成長・発達を促す生徒指導で，児童生徒が出くわす諸課題を未然に防ぐ未然防止教育を含めた指導である。それに対して，即応的・継続的（リアクティブ）生徒指導は，諸課題に直面した後の事後対応的な生徒指導である。

3類は，生徒指導の課題性と課題への対応の種類による分類で，「発達支持的生徒指導」，「課題予防的生徒指導」，「困難課題対応的生徒指導」に分けられる。発達支持的生徒指導は，すべての児童生徒の成長発達を支える指導，課題予防的生徒指導は，諸課題を予防するための生徒指導で，課題の未然防止と課題の予兆が見られた際の早期発見と対応を含む。困難課題対応的生徒指導は，深刻な課題を抱える児童生徒への指導・援助である。3類による分類は，学校心理

5

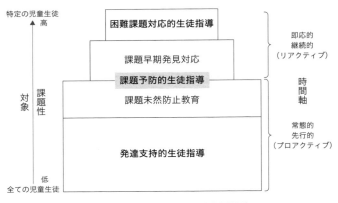

図 1-1 生徒指導の重層的支援構造
出所：文部科学省（2022）をもとに作成。

学における心理教育的援助サービスの一次的・二次的・三次的援助サービス（教育援助）に対応した分類である（心理教育的援助サービスについては，第4章を参照）。

4層は，2軸3類に，児童生徒の対象範囲を加えた分類で，すべての児童生徒を対象とした「発達支持的生徒指導」と「課題予防的生徒指導：課題未然防止教育」，一部の児童生徒を対象とした「課題予防的生徒指導：課題早期発見対応」，特定の児童生徒を対象とした「困難課題対応的生徒指導」の4つに分けられる。課題予防的生徒指導の課題未然防止教育と課題早期発見対応はいずれも諸課題の予防がねらいであるが，前者は，すべての児童生徒がこれから起こる問題を回避したり解決したりできる大人に育つことを目的に行われる健全育成型の予防で「教育的予防」と呼ばれる。一方，後者は早期発見・早期対応の徹底や，問題の発生の予測をし，問題を起こしそうな児童生徒に対して行われる問題対応型の予防として「治療的予防」と呼ばれる（国立教育政策研究所，2015b）。図 1-2 は，『生徒指導提要（改訂版）』に書かれた生徒指導の重層的支援構造のポイントをまとめたものである。

第1章　生徒指導とは何だろうか？

2軸	3類	4層	課題への対応の時間軸	対象児童生徒の範囲	【課題性】対応の種類
リアクティブ		困難課題対応的	事後（消極的）	特定（課題解決的な：三次的）	【高い・深刻】特別な指導・援助
	課題予防的	課題早期発見対応		一部（予防的な：二次的）	治療的予防
プロアクティブ		課題未然防止教育	事前（積極的）	すべて（成長を促す：一次的）	【中程度】教育的予防
		発達支持的			【低い】発達を支える

図1-2　生徒指導の重層的支援構造のまとめ

出所：筆者作成。

（2）発達支持的生徒指導

　発達支持的生徒指導は，すべての児童生徒を対象に，学校の教育目標の実現に向けて，すべての教育活動で展開されるものである。発達支持的というのは，児童生徒による自発的・主体的な発達を支えることを意味し，改訂された『生徒指導提要』の中で最も強調されている部分である。教師は，児童生徒の個性の発見とよさや可能性の伸長と社会的資質・能力の発達を支えることが求められ，授業や学校行事を通した働きかけだけではなく，日常的な声かけや対話等による働きかけが大切となる。その他，例えば，児童生徒の人権意識を高める人権教育や共生社会の一員として市民性を身につける市民性教育の推進が発達支持的生徒指導と考えることができる。

（3）課題未然防止教育

　課題未然防止教育は，児童生徒が今後直面するであろう生徒指導上の諸課題の未然防止をねらいとして，すべての児童生徒を対象に実施する教育プログラムである。具体的には，いじめ防止教育，自殺予防教育，情報モラル教育，非行防止教室等が該当する。例えば，いじめの未然防止教育においては，いじめ

7

が生まれる構造やいじめの加害者・被害者の心理について学び,「いじめをしない」態度や力を身につけると同時に,いじめを許容しない雰囲気づくりも重要となる。また,いじめは人格を傷つける人権侵害行為としての認識をもたせ,児童生徒自身に自分の言動に責任と自覚をもたせる働きかけも必要となる。課題未然防止教育の実施にあたっては,スクールカウンセラー等と連携し,計画的に実施することが重要となる。

(4) 課題早期発見対応

　課題早期発見対応は,「課題の予兆行動が見られたり,問題行動のリスクが高まったりするなど,気になる一部の児童生徒を対象に,深刻な問題に発展しないように,初期の段階で諸課題を発見し,対応」することである。ここで重要となるのが,課題の早期発見である。

　課題の早期発見においては,まず教師が児童生徒の予兆に気づくことが大切である。そのための方法として,児童の行動観察による実態把握がある。具体的には,遅刻・早退や欠席の増加,授業中の立ち歩きや忘れ物の増加,学業成績の悪化,反抗的で落ち着きのない態度や孤立傾向等生活態度の変化,服装・持ち物の乱れ,体重の増減等"いつもとは違う様子"にいち早く気づくことが重要である。

　次に,アンケート等の調査によって実態を把握することも重要である。いじめアンケートや生活実態調査等によって,教師の観察では得られない情報を収集する。近年では,児童生徒の言動や態度だけでは十分な把握が難しくなっており,潜在的に支援が必要な児童生徒を見いだすためのスクリーニングツールが幅広く活用されている。例えば,ICTを活用して児童生徒の心理・健康面を把握する「心の健康観察」という取り組みも進められている。

　これらの情報をもとにスクリーニング会議を開き,問題行動のリスクが高まっている児童生徒を見いだし,課題の早期対応につなげる。早期対応については,学級担任を中心にしながらも,一人で抱え込むことがないように,生徒指導主事や生徒指導担当,教育相談コーディネーター等と協働して,組織的な

表 1-1　不登校に関する関係機関

教育関係	教育委員会，教育支援センター（適応指導教室），教育相談機関等
福祉関係	児童相談所，市町村の福祉事務所，民生・児童委員，子育て支援センター，発達障害者支援センター等
医療機関 保健機関	精神科クリニック，精神科病院，保健所・保健センター，精神保健福祉センター等
矯正・警察関係	少年サポートセンター，児童自立支援施設，少年鑑別所，家庭裁判所，保護司等
NPO団体	フリースクール，当事者団体，不登校親の会等

出所：蔵岡（2018）。

チーム支援を行うことが重要となる。

(5) 困難課題対応的生徒指導

　いじめ，不登校，少年非行，児童虐待等特別な指導・援助を必要とする特定の児童生徒を対象にした支援である。困難課題においては，校内の支援チームに加えて，校外の専門家を有する関係機関との連携・協働した対応が行われる。例えば，不登校対応での連携・協働が想定される関係機関として，蔵岡（2018）は，表 1-1 のような機関を挙げている。

3. 教育課程と生徒指導

　教育課程は「学校教育の目的や目標を達成するために，教育の内容を生徒の心身の発達に応じ，授業時数との関連において総合的に組織した各学校の教育計画」（文部科学省，2022）である。小・中学校では各教科，道徳，外国語活動（小学校のみ），総合的な活動の時間，特別活動が教育課程に含まれる。教育課程内の活動は，学習指導の場というイメージが強いが，学習指導の目標を達成するためには，生徒指導の働きかけが欠かせない。学習指導場面での生徒指導には，例えば落ち着いた学習環境を整備するための私語の指導のほか，ノートの取り方や予習・復習の方法といった学業に関する指導が該当する。一方で，学校での教育活動の中には，教室の清掃や部活動といった教育課程に位置づけら

学校での生活		家庭・地域社会での生活
教育課程内	教育課程外	
学習指導要領に基づく	学校が計画する	
各教科，道徳，外国語活動（小学校のみ），総合的な学習の時間，特別活動	休憩，校内清掃，登下校，放課後の課外活動（部活動）など	

生徒指導の対象

図 1-3　子どもの生活と生徒指導の関係

出所：小泉（2006）をもとに作成。

れていない活動もある。これらは，教育課程外の活動であるが，児童生徒の成長や発達において，とても重要であることは言うまでもない。このように生徒指導は，教育課程に位置づけられていないが，「学校の教育目標を達成する上で重要な機能を果たすものであり，学習指導と並んで学校教育において重要な意義を持つもの」（文部科学省，2022）とされている。そのため，生徒指導は教育課程内にとどまらず，教育課程外の教育活動を含めた，あらゆる場面が指導対象となる。さらに，家庭学習や時間の使い方の指導等，家庭や地域社会での生活や学習習慣に対する指導を行うこともある。つまり，教師が行う生徒指導の内容は広範囲にわたっている（図 1-3）。

（1）教科の指導と生徒指導

授業はすべての児童生徒を対象とした発達支持的生徒指導の場となる。そのため，教科の指導と生徒指導を一体化させた授業づくりは，生徒指導の実施上の 4 つの留意点を意識した実践にほかならない。そのためには，「どの児童生徒にもわかる授業」「どの児童生徒にとってもおもしろい授業」を展開することに加えて，個々の学習状況や興味関心等に応じた個別最適な学びを実現できるようにすること（自己存在感の感受を促進する授業づくり），授業場面で互いに認め合い・励まし合い・支え合える学習集団づくりを促進すること（共感的人間関係を育成する授業），児童生徒による意見発表の場や児童生徒間の対話や議論

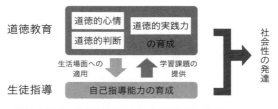

図1-4 生徒指導と道徳教育との関係
出所：高橋（2013）をもとに作成。

を行う機会を設けること（自己決定の場を提供する授業づくり），そして，児童生徒の個性が尊重され，安全に，かつ安心して学習ができるように配慮すること（安全・安心な「居場所づくり」に配慮した授業）が求められる。

(2) 道徳教育における生徒指導

　中学校学習指導要領第1章総則には「道徳教育は，教育基本法及び学校教育法に定められた教育の根本精神に基づき，人間としての生き方を考え，主体的な判断の下に行動し，自立した人間として他者と共によりよく生きるための基盤となる道徳性を養うことを目標」とし，学校の教育活動全体を通じて行うものであることが示されている（文部科学省，2018）。このことから，生徒指導と道徳教育は，道徳教育が児童生徒の道徳的心情，判断力，実践意欲と態度等の道徳性の育成を直接的なねらいとしている点を除けば，いずれも児童生徒の人格のよりよい発達を目指すものであり，学校の教育活動全体を通じて行うという点で共通している。このように，道徳教育と生徒指導は密接で相互補完的な関係にある。それは，道徳の指導によって育成された道徳的実践力が生徒指導の場にいかされると同時に，生徒指導の中から児童生徒の実態に即した道徳指導の学習課題が明確にされることがあるからである（高橋，2013：図1-4）。生徒指導においては，道徳教育で培われた道徳性を，生きる力として日常の生活場面に具現化できるよう支援することが大切となる。

(3) 総合的な学習／探究の時間における生徒指導

　総合的な学習／探究の時間では，小中学校においては「探究的な見方・考え方を働かせ，横断的・総合的な学習を行うことを通して，よりよく課題を解決し，自己の生き方を考えていくための資質・能力」，高校においては「探究の見方・考え方を働かせ，横断的・総合的な学習を行うことを通して，自己の在り方生き方を考えながら，よりよく課題を発見し解決していくための資質・能力」をそれぞれ育成することが目指されている（文部科学省，2022）。探究的な学習においては，課題の設定，情報の収集，整理・分析，まとめ・表現といったプロセスを繰り返していくことになるが，こうした学習活動を通じて，主体的に課題を発見し，自らの目標を選択・決定して，目標達成のために主体的に行動する自己指導能力を育むことが目指される。

　また，総合的な学習／探究の時間では，実社会や実生活の課題を探究しながら，自己の生き方（在り方）を問い続ける姿勢が一人ひとりの児童生徒に涵養されることが求められている。これは，生徒指導の目的にも通じるものであり，自らの資質・能力を適切に行使して自己実現をはかりながら，自己の幸福と社会の発展を児童生徒自らが追求する態度を身につけることを目指す生徒指導の考え方と重なるものでもある。このように，総合的な学習／探究の時間を充実させることは，教科目標の達成だけではなく，自己指導能力の育成，さらには生徒指導の充実をはかることにもつながるのである。

(4) 特別活動における生徒指導

　特別活動は，「集団や社会の形成者としての見方・考え方を働かせ，様々な集団活動に自主的，実践的に取り組み，互いのよさや可能性を発揮しながら集団や自己の生活上の課題を解決すること」を通して，人間関係形成，社会参画，自己実現に必要な資質・能力を育成することを目指した教育活動である（文部科学省，2018）。特別活動では，さまざまな集団活動（同年齢による学級や学年単位での活動，学年を越えた異年齢による活動）において，自主的・主体的な取り組み

が展開される。こうした多様な集団活動の場において，生徒指導の目的となる「個性の発見」「よさや可能性の伸長」「社会的資質・能力の発達」が実現できる。そのため，集団活動を基盤とする特別活動は，教育課程において，生徒指導の目的を実現するための中心的な役割を果たしているとされる。教師は，可能な限り児童生徒の自主性を尊重し，自発的・自治的な活動を重んじ，成就感や自信の獲得につながるように，間接的な援助に努めることが重要である。

> 本章では，生徒指導の概要について説明した。生徒指導は教育活動のあらゆる場面で行われるものであり，教師として児童生徒と関わる際には切っても切れない重要なものである。生徒指導の定義には"支える"というキーワードが含まれていた。この"支える"生徒指導とはどのようなものなのか。生徒指導の在り方について，考え続けてほしい。

引用文献

蔵岡智子（2018）．不登校．髙岸幸弘・井出智博・蔵岡智子（著）．これからの教育相談――答えのない問題に立ち向かえる教師を目指して．北樹出版，pp. 82-100.
小泉令三（2006）．学校適応援助とは．小泉令三（編）．図説子どものための適応援助――生徒指導・教育相談・進路指導の基礎．北大路書房，pp. 1-20.
国立教育政策研究所（2015a）．「生徒指導リーフ Leaf.18『自尊感情』？　それとも，『自己有用感』？」
　https://www.nier.go.jp/shido/leaf/leaf18.pdf（2024年4月18日閲覧）
国立教育政策研究所（2015b）．「生徒指導リーフ Leaf.5『教育的予防』と『治療的予防』」
　https://www.nier.go.jp/shido/leaf/leaf05.pdf（2024年4月18日閲覧）
髙橋超（2013）．生徒指導の教育的意義と課題．松田文子・髙橋超（編著）．改訂　生きる力が育つ生徒指導と進路指導．北大路書房，pp. 1-18.
中央教育審議会（2021）．「『令和の日本型学校教育』の構築を目指して――全ての子供たちの可能性を引き出す，個別最適な学びと，協働的な学びの実現（答申）」
　https://www.mext.go.jp/content/20210126-mxt_syoto02-000012321_2-4.pdf（2024年1月31日閲覧）
外山美樹・湯立（2020）．小学生のいじめ加害行動を低減する要因の検討．教育心理学研究，**68**（3），295-310.
文部科学省（2010）．生徒指導提要
文部科学省（2018）．中学校学習指導要領
文部科学省（2022）．生徒指導提要（改訂版）
　https://www.mext.go.jp/content/20230220-mxt_jidou01-000024699-201-1.pdf（2024年10月10日閲覧）

第2章

チームによる組織的対応とは？
—— 生徒指導の組織的指導体制とスクール・コンプライアンス

<<< 学習のポイント >>>

- 生徒指導体制を理解し，チーム学校について説明できる。
- 年間指導計画と PDCA サイクルとの関連を説明できる。
- スクール・コンプライアンスについて理解する。

> 児童生徒一人ひとりが抱える教育的ニーズが複雑化・多様化している。そのため，教師一人での対応や学校内の資源だけを活用した対応では，十分な課題の解決に至らないケースが増えている。学校は，こうした課題に学校組織として取り組む体制を整備し，生徒指導や教育相談を含めた教育活動の充実をはかっている。では，生徒指導担当と学級担任，学年担当の全教職員，あるいは学級担任と養護教諭など，複数の教職員によって行われていた指導や取り組みを思い出してみよう。

1．生徒指導体制

(1) 組織的指導の意義

　生徒指導は，学校の教育目標を達成する上で重要な機能を果たすものであり，「教育課程の内外を問わず，全ての教育活動を通して，全ての教職員が，全ての児童生徒を対象に行うもの」（文部科学省，2022）とされている。すべての教職員が学校全体で生徒指導に取り組む際に重要となるのが，すべての教職員による一貫性のある指導である。そもそも教職員の教育観や指導観が一人ひとり異なっているのは当たり前のことである。そのため，教職員が個々に生徒指導を行おうとすると，児童生徒に対する指導や援助にバラつきが生じてしまう。例えば，規範意識の醸成をはかる際に，ある教職員の前では許される言動が，ほかの教職員の前では指導の対象になることもあるだろう。こうした教職員間の指導や援助のバラつきは，児童生徒や保護者の混乱や不安・不満の原因になることもある。こうしたバラつきを防止するためには，学校における生徒指導の方針や基準を定めて，指導に一貫性をもたせることが求められる。具体的には，学校において「生徒指導基本指針」や「生徒指導マニュアル」等を作成し，生徒指導の方針や基準の明確化・具体化をはかることである。

一方で，一貫性のある指導は，すべての児童生徒に一律で同じ指導を行うことではない。児童生徒の状態が違えば，指導や援助方法も変わることがある。例えば，いじめの加害児童生徒に対しては，いじめが重大な人権侵害行為であることを指導する必要がある。一方で，いじめの加害に至った児童生徒の背景を受容・共感的態度で聞き取り，児童生徒理解を深めながら，児童生徒の状態に即した援助を行うことが求められる。このように，生徒指導と教育相談とが一体となった支援を行い，指導の一貫性と柔軟性のバランスをはかっていくことが重要となる。

生徒指導を効果的に進めていくためには，すべての教職員による組織的指導が不可欠となる。そのため，校内研修等を通じて"児童生徒にどのような力や態度を身につけさせるのか"という学校の教育目標に基づいた生徒指導の方針と基準について，すべての教職員間で共通理解をはかることが重要である。こうした「学校として生徒指導の方針・基準を定め，これを年間の生徒指導計画に組み込むとともに，事例研究などの校内研修を通じてこれを教職員間で共有し，一人一人の児童生徒に対して，一貫性のある生徒指導を行うことのできる校内体制」を，生徒指導体制と呼ぶ（文部科学省，2022）。

(2) チーム学校とは

児童生徒を取り巻く状況の変化によって，児童生徒が抱える課題が複雑化・多様化している。そのため，教師一人の力では対応が困難なケースや，校内の教職員の専門性だけで対応することが児童生徒にとって必ずしも最善とはいえない状況も増えてきている。例えば，不登校の背景に家庭の貧困問題がある場合は，学校だけで対応するのではなく，各自治体の福祉機関と連携・協働することが根本的な解決につながることも考えられる。つまり，児童生徒が抱える課題解決に向けて，校内の教職員だけではなく，心理や福祉等の専門家や関係機関，地域が連携して取り組むことが必要となっている。こうした校内の教職員と外部資源となる専門家等が学校組織として教育活動に取り組む「チームとしての学校」（以下，「チーム学校」）の体制整備が求められている（図2-1）。

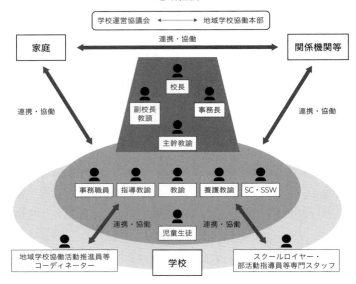

図 2-1　チーム学校における組織イメージ
出所：文部科学省（2022）をもとに作成。

　チーム学校とは，「校長のリーダーシップの下，カリキュラム，日々の教育活動，学校の資源が一体的にマネジメントされ，教職員や学校内の多様な人材が，それぞれの専門性を生かして能力を発揮し，子供たちに必要な資質・能力を確実に身に付けさせることができる学校」（中央教育審議会，2015）と定義されている。連携・協働が想定される外部の関連機関には，児童相談所や福祉事務所等の福祉機関，教育支援センター等の教育機関，保健所や精神科・心療内科等の保健・医療機関，警察や少年サポートセンター等が挙げられる。

　これらの機関との連携においては，それぞれの専門性や経験，価値観の違う者同士の連携となるため，関係性を構築することは容易ではない。チーム学校を実現するためには，①教職員に加えて，多様な専門性を有するスタッフを学校に配置し，それぞれの専門性や経験を発揮できる連携体制を整備する「専門

性に基づくチーム体制の構築」，②家庭や地域と連携・協働した学校が，チームとして機能するように，学校のリーダーシップや学校の企画・調整，事務体制の強化をはかる「学校のマネジメント機能の強化」，③教職員一人ひとりが力を発揮できるように人材育成や業務改善等の取り組みを進める「教職員一人一人が力を発揮できる環境の整備」が重要な視点となる（中央教育審議会，2015）。

（3）生徒指導における校内組織

学校の生徒指導を組織的，体系的な取り組みとして推進していくためには，校内で生徒指導を担当する組織を校務分掌に位置づけることが不可欠となる。一般的には，生徒指導主事（学校によっては，生徒指導担当，生徒指導係，生徒指導主任等と呼ばれることもある）を主とした生徒指導部がその中心的な役割を担う。生徒指導部の主な役割は，生徒指導の取り組みの企画や運営，すべての児童生徒への指導・援助，問題行動の早期発見・対応，関係者等への連絡・調整である。

生徒指導に関連する校務分掌には，生徒指導，教育相談，キャリア教育，特別支援教育等があるが，生徒指導の目的が効率的かつ効果的に達成されるように，これらの校務分掌は，学校の実態に応じて編成を工夫する必要がある（図2-2）。それぞれの形態には，メリットとデメリットがあり，例えばc.のように組織を独立させると，部内の目的が明確になり，高い専門性のもとで効率的に業務を行うことができる。しかし，他組織との情報共有や連携がとりづらいことも考えられる。また，生徒指導上の問題が複数の部にまたがる場合は，各組織の役割分担が困難になることも考えられる。

2．生徒指導マネジメント

（1）生徒指導の年間指導計画

生徒指導を全校体制で進めるには，年間指導計画の整備と改善が鍵となる。特に，発達支持的生徒指導を推進するためには，意図的，計画的，体系的な指

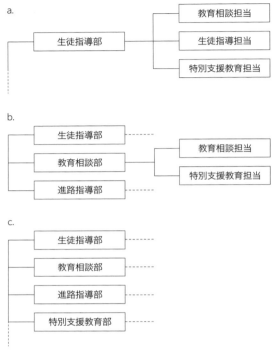

図 2-2　生徒指導に関する組織の例
出所：小泉（2010）をもとに作成。

導につながる年間指導計画を作成することが不可欠である。年間指導計画を立案するためには，学校ごとの教育目標に基づく生徒指導目標を設定する必要がある。どのような生徒指導目標を設定するかは，学校ごとの児童生徒の実態や学校の特性および地域の特性によって異なる。そのため，生徒指導目標の設定にあたっては，前年までの生徒指導の課題と児童生徒の実態把握に加えて，保護者や地域の人々の願い等を把握する必要がある。生徒指導実践の手順については，図 2-3 に示すとおりである。生徒指導の年間指導計画は，校種の違いや学校の実態によって項目や形式が異なっているが，教職員研修等の時期と内容，教育課程との関連等については示されていることが望ましい。

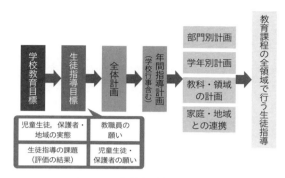

図2-3　生徒指導実践の手順
出所：嶋崎（1994）をもとに作成。

(2) PDCAサイクルによる年間指導計画の立案

　生徒指導は教育活動であるため，取り組みが児童生徒にとって効果的なものとなっているかを定期的に検討し，改善していくことが重要となる。そのために，年間指導計画（Plan）を立案し，実行（Do）した後，振り返りのための評価（Check）を行い，次年度の計画の改善（Action）を行うPDCAサイクルによるマネジメントが求められる。なお，このPDCAサイクルに加えて，先ほど説明した前年度までの生徒指導の課題や児童生徒の実態把握および保護者や地域の人々の願い等の調査（Research）と，それに基づく生徒指導目標（Vision）の立案を加えたサイクルをRV-PDCAサイクルと呼ぶ。定期的に調査や生徒指導目標の見直しを行うRV-PDCAサイクルを繰り返し，生徒指導体制や指導方法の改善をはかることが望まれる（図2-4）。

　生徒指導の評価には，a. 生徒指導の実施に対する評価と，b. 児童生徒に対する教育効果の2つの視点がある。a. 実施に対する評価は，生徒指導に関する研修等が年間指導計画通りに実施できたか，生徒指導における組織づくりは適切であったか等の評価が含まれる。一方，b. 児童生徒に対する教育効果は，学校に対する所属意識，学校への安全・安心感，教職員を中心とした大人との人間関係，同級生や先輩・後輩との人間関係，いじめの被害や加害の経験等，生徒

図 2-4　RV-PDCA サイクル
出所：山田（2019）をもとに作成。

指導の取り組みによる児童生徒の変容を評価するものである。評価については，児童生徒自身による自己評価，教師や保護者による児童生徒の評価（他者評価）のほか，地域住民等の第三者による評価等を用いることも有効である。

3．スクール・コンプライアンス

(1) スクール・コンプライアンスとは

　児童生徒に対する指導や援助は，教師と子どもの信頼関係の中で行われてきた。こうした教師と子どもの信頼関係は，生徒指導における前提であることは言うまでもない。一方で，「子どもの権利条約（子どもの権利に関する条約）」「いじめ防止対策推進法」「児童虐待防止法」等の法整備が進み，これまで以上に生徒指導上の指導や援助を，法令遵守の側面から問い直す必要性が高まっている。

　「コンプライアンス」は狭義には，定められた法令を守る（法令遵守）という意味があり，法令が学校経営や生徒指導を行う上で守るべき最低限のラインとなる。加えて，「コンプライアンス」を広義に捉えると，社会的責任という意味が含まれる。このことを踏まえると，学校には子どもを教育する責任がある。とりわけ生徒指導においては，ねらいである児童生徒の自己指導能力を育成する責任が生じる。このように「スクール・コンプライアンス」とは，学校が果たすべき社会的責任を意味する（坂田，2015）。

第2章　チームによる組織的対応とは？

表 2-1　学校における義務違反が問われる事例

服務上の問題	交通違反，贈収賄，わいせつ行為，セクシャル・ハラスメント，秘密漏えい，違法な兼業，利害関係者からの利益供与，政治的行為など。
教育指導上の問題	学習指導要領違反，教科書不使用，偏向教材使用，内申書偽造，人権侵害，国旗国歌拒否，著作権侵害，学校事故など。
生徒指導上の問題	体罰，不当な懲戒，個人情報漏えい，いじめ・不登校・校内暴力への不適切対応など。

出所：菱村（2017）をもとに作成。

（2）児童生徒への体罰と性暴力

①　教職員の義務違反

　教職員が義務違反（コンプライアンス違反）を行った場合は，懲戒等の処罰の対象となる。学校における義務違反が問われる事例は表 2-1 に示すとおりである。近年，特に問題となっているのは，児童生徒への体罰と性暴力である。

②　体罰および不適切な指導

　学校では，児童生徒の教育上必要があると認められるときに，教育的配慮のもとで，児童生徒への叱責や処罰といった懲戒が認められている。一方で，児童生徒への体罰は学校教育法第 11 条で明確に禁止されている。体罰は年々減少傾向にあるが（図 2-5），2022 年度の体罰の発生件数は 397 件と初めて増加し，被害を受けた児童生徒数は 649 名となっている（文部科学省，2015-2023）。

　文部科学省（2013）では，懲戒か体罰かについての具体的な事例を表 2-2 のように示しているが，児童生徒の身体に対する侵害や肉体的苦痛を与えると判断されるような場合は体罰であると判断される。加えて，たとえ身体に対する侵害や肉体的な苦痛を与える行為でなくても，児童生徒を精神的に追い詰めることは望ましい指導とはいえない。改訂された『生徒指導提要』（文部科学省，2022）では，不適切な指導と考えられ得る例を表 2-3 のとおりに示している。

③　体罰や不適切な指導が及ぼす影響

　体罰は法的に禁止されているだけではなく，体罰や不適切な指導を受けた児童生徒に多くの影響を与える。日本行動分析学会（2014）は，「体罰」に反対す

23

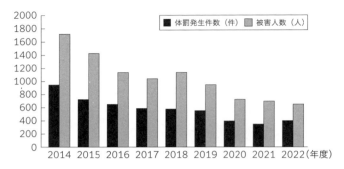

図 2-5 体罰発生件数と被害人数の推移
出所：文部科学省（2015-2023）をもとに作成。

表 2-2 学校教育法第 11 条に規定する児童生徒の懲戒・体罰等に関する参考事例

(1) 体罰（通常，体罰と判断されると考えられる行為）
- 授業態度について指導したが反抗的な言動をした複数の生徒らの頬を平手打ちする。
- 立ち歩きの多い生徒を叱ったが聞かず，席につかないため，頬をつねって席につかせる。
- 別室指導のため，給食の時間を含めて生徒を長く別室に留め置き，一切室外に出ることを許さない。

(2) 認められる懲戒（通常，懲戒権の範囲内と判断されると考えられる行為）（ただし肉体的苦痛を伴わないものに限る。）
※学校教育法施行規則に定める退学・停学・訓告以外で認められると考えられるものの例
- 授業中，教室内に起立させる。
- 学習課題や清掃活動を課す。
- 立ち歩きの多い児童生徒を叱って席につかせる。

(3) 正当な行為（通常，正当防衛，正当行為と判断されると考えられる行為）
- 児童が教員の指導に反抗して教員の足を蹴ったため，児童の背後に回り，体をきつく押さえる。
- 休み時間に廊下で，他の児童を押さえつけて殴るという行為に及んだ児童がいたため，この児童の両肩をつかんで引き離す。
- 他の生徒をからかっていた生徒を指導しようとしたところ，当該生徒が教員に暴言を吐きつばを吐いて逃げ出そうとしたため，生徒が落ち着くまでの数分間，肩を両手でつかんで壁へ押しつけ，制止させる。

出所：文部科学省（2013）より一部抜粋。

表 2-3 不適切な指導と考えられ得る例

- 大声で怒鳴る，ものを叩く・投げる等の威圧的，感情的な言動で指導する。
- 児童生徒の言い分を聞かず，事実確認が不十分なまま思い込みで指導する。
- 組織的な対応を全く考慮せず，独断で指導する。
- 殊更に児童生徒の面前で叱責するなど，児童生徒の尊厳やプライバシーを損なうような指導を行う。
- 児童生徒が著しく不安感や圧迫感を感じる場所で指導する。
- 他の児童生徒に連帯責任を負わせることで，本人に必要以上の負担感や罪悪感を与える指導を行う。
- 指導後に教室に一人にする，一人で帰らせる，保護者に連絡しないなど，適切なフォローを行わない。

出所：文部科学省（2022）。

る声明の中で，体罰に反対する理由を3点挙げている。

1点目は，体罰によって本来の目的である効果的な学習を促進することがないことである。例えば，表2-2において体罰とされる「立ち歩きの多い生徒を叱ったが聞かず，席につかないため，頬をつねって席につかせる。」という行為は，立ち歩きを抑制することを目的にした行為である。しかし，こうした効果は一時的であるだけでなく，状況に依存しやすいことがわかっている。例えば，数日間は立ち歩かなくなることはあっても，一週間もすれば再び歩き出すことがある。また，体罰を行った教師がいない授業では，同じような立ち歩きをすることは，容易に想像できる。

2点目は，体罰によって情動的反応や攻撃行動，その他多くの問題行動が生じる等，副次的な作用が生じることである。例えば，体罰によって児童生徒が教師や学校に対する恐怖，怒り，不信感を抱く等，精神的な健康を害することがある。また，体罰を受けた苦痛が，ほかのものや人への攻撃行動につながることも考えられるのである。

3点目は，体罰に頼らない効果的な学習方法があることである。行動分析学においては，望ましい行動に対して称賛等を与えることで望ましい行動を増やし，結果として，望ましくない行動が減っていくことがわかっている。また，日本行動分析学会（2014）では，問題行動が起きたときに一時的にその場から引き離し，問題行動を強化する刺激から遠ざける「タイムアウト法」等が取られている。これらの方法は，児童生徒が学習機会を失わないように配慮する必要があるものの非暴力的な方法として紹介されている。

このような体罰や不適切な指導を予防するために，学校では校内研修の実施等体罰に対する正しい認識の徹底とともに，児童生徒への指導で難しさを抱えた場合や体罰が疑われる指導を見かけた場合には，報告や相談ができる体制や雰囲気づくりに努めることが大切となる（文部科学省，2013）。

④ 教職員等による児童生徒性暴力の防止

教職員による児童生徒性暴力が問題となっている。性犯罪・性暴力等に係る懲戒処分等の人数は，2022年度で242人，そのうち児童生徒を対象としたも

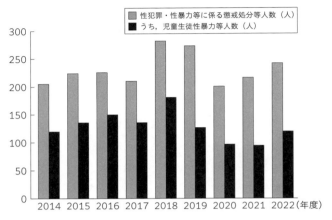

図 2-6　性犯罪・性暴力等に係る懲戒処分等の状況の推移
出所：文部科学省（2015-2023）をもとに作成。

のは119人であり（文部科学省，2015-2023），ここ数年間は100人前後で推移している（図2-6）。被害を受けた児童生徒には，心身への影響を含めて生涯にわたって大きな影響を及ぼす。このような被害を防ぐため，「教育職員等による児童生徒性暴力等の防止等に関する法律」により，児童生徒性暴力が明確に禁止された。性暴力の加害者となった教職員は，原則懲戒免職となり，教員免許状の失効や取り上げ処分を受け，「特定免許状失効者等」としてデータベースに登録されることになる。

また，文部科学省（2023）は，児童生徒性暴力等の未然防止として，教職員が児童生徒とのSNS等による私的なやりとりを禁止することの明確化，執務環境の見直しによる密室状態の回避（例：室内が確認できない場所で児童生徒との1対1による個別指導を回避する）および組織的な教育指導体制を構築すること等の取り組みの徹底をはかっている。

第 2 章　チームによる組織的対応とは？

> 　生徒指導の諸課題は，今後ますます深刻化，多様化していくことが予想され，チーム学校として機能する学校組織運営が重要である。特に，働き方改革の視点から業務の効率化・適正化をはかりつつ，生徒指導の充実をはかることが求められる。生徒指導の充実のためには，チームはどうしたらうまく機能していくのか，生徒指導体制の在り方について，考え続けてほしい。

引用文献

小泉令三（2010）．組織とその運営．小泉令三（編著）．よくわかる生徒指導・キャリア教育．ミネルヴァ書房，pp. 2-5.

坂田仰（2015）．新時代の生徒指導――法の"越境"とどう向き合うか．坂田仰（編）．生徒指導とスクール・コンプライアンス――法律・判例を理解し実践に活かす．学事出版，pp. 12-21.

嶋崎政男（1994）．図解・生徒指導．学事出版

中央教育審議会（2015）．「チームとしての学校の在り方と今後の改善方策について（答申）」
　https://www.mext.go.jp/b_menu/shingi/chukyo/chukyo0/toushin/__icsFiles/afieldfile/2016/02/05/1365657_00.pdf（2024 年 1 月 31 日閲覧）

日本行動分析学会（2014）．「『体罰』に反対する声明」
　https://j-aba.jp/data/seimei2014.pdf（2024 年 5 月 1 日閲覧）

菱村幸彦（2017）．Q&A スクール・コンプライアンス 111 選．ぎょうせい

文部科学省（2013）．「体罰の禁止及び児童生徒理解に基づく指導の徹底について（通知）」24 文科初第 1269 号　別紙　学校教育法第 11 条に規定する児童生徒の懲戒・体罰等に関する参考事例
　https://www.mext.go.jp/a_menu/shotou/seitoshidou/1331908.htm（2024 年 5 月 1 日閲覧）

文部科学省（2015-2023）．「公立学校教職員の人事行政状況調査について」
　https://www.mext.go.jp/a_menu/shotou/jinji/1318889.htm（2024 年 1 月 31 日閲覧）

文部科学省（2022）．生徒指導提要（改訂版）
　https://www.mext.go.jp/content/20230220-mxt_jidou01-000024699-201-1.pdf（2024 年 10 月 10 日閲覧）

文部科学省（2023）．「教育職員等による児童生徒性暴力等の防止等に関する基本的な指針」
　https://www.mext.go.jp/content/20240718-mxt_kyoikujinzai01-000011979_11.pdf（2024 年 10 月 10 日閲覧）

山田洋平（2019）．学校適応援助．小泉令三・友清由希子（編著）．キーワード生徒指導・教育相談・キャリア教育．北大路書房，pp. 1-19.

第3章

生徒指導上認められる，必要かつ合理的な範囲内の制約とは何か？
—— 生徒指導に関連する法令

‹‹‹　学習のポイント　›››

- 生徒指導に関連する法令を理解する。
- 児童生徒の懲戒と出席停止の違いについて説明できる。
- 違法な生徒指導，不適切な生徒指導について理解する。

> 核家族化が進む中で,「早寝早起き朝ご飯」に代表されるような,本来,家庭教育の中で伝承されるべき基本的な生活習慣が伝承されておらず,学校が保護者に代わって指導をせざるを得ない現状がある。そのため教員が,我が子を育てるように熱心に細やかに児童生徒を指導することも少なくない。
> では,学級担任や部活動顧問が行う叱責等が,子どものためを思って愛と情熱をもって行われたものであれば,児童生徒の権利を侵害するということはあり得ないといえるであろうか。
> 児童生徒の懲戒や校則のもつ教育的な意味を考え,その上で,児童生徒の権利にどのように配慮すべきか検討してみよう。

1. 法令からみる生徒指導

(1) 日本国憲法

　国の最高法規である日本国憲法は,国民の有する基本的な権利等について規定している。第3章「国民の権利及び義務」では,基本的人権の尊重と保障を定めており,思想・良心の自由(第19条),表現の自由(第21条),学問の自由(第23条)など,個人の自由と権利に関する重要な条文が含まれている。また,第26条では,教育の機会均等と,義務教育の無償化を保障している。これらの憲法上の権利は,学校における教育活動の中でも一定の配慮が求められる。なお,初等中等教育における児童生徒は基本的に未成年者であり,未成年者については,年齢や発達段階に応じた配慮が必要となる。つまり,成人と比較すると,未成年者は,身体的にも精神的にも発達途上であるため,自己決定能力が未熟である。そのため,未成年者を危険や不適切な状況から「保護」し,健全な成長を促すため,自己決定の範囲等に一定の制約が加えられることがある。[*1]生徒指導を行う上で,日本国憲法の視点をもつことは,児童生徒の人権を守り,健全な教育環境を提供することにつながるといえるであろう。

(2) 教育基本法

　教育基本法は，教育の理念に関する国の基本的な立場を示している。「教育は，人格の完成を目指し，平和で民主的な国家及び社会の形成者として必要な資質を備えた心身ともに健康な国民の育成を期」すという目的のもと（第1条），単なる知識の習得ではなく，豊かな人間性の育成と社会参加の意識を高めること等を目標として掲げている（第2条）。

　教育基本法
　（教育の目標）
　第2条　教育は，その目的を実現するため，学問の自由を尊重しつつ，次に掲げる
　　目標を達成するよう行われるものとする。
　　一　幅広い知識と教養を身に付け，真理を求める態度を養い，豊かな情操と道徳
　　　心を培うとともに，健やかな身体を養うこと。
　　二　個人の価値を尊重して，その能力を伸ばし，創造性を培い，自主及び自律の
　　　精神を養うとともに，職業及び生活との関連を重視し，勤労を重んずる態度を
　　　養うこと。
　　三　正義と責任，男女の平等，自他の敬愛と協力を重んずるとともに，公共の精神
　　　に基づき，主体的に社会の形成に参画し，その発展に寄与する態度を養うこと。
　　四　生命を尊び，自然を大切にし，環境の保全に寄与する態度を養うこと。
　　五　伝統と文化を尊重し，それらをはぐくんできた我が国と郷土を愛するととも
　　　に，他国を尊重し，国際社会の平和と発展に寄与する態度を養うこと。

　これらの規定を受け，『生徒指導提要（改訂版）』では，生徒指導は，教育の目的や目標達成に寄与するとしている。その上で，第1章でもみてきたように，生徒指導とは社会の中で自分らしく生きることができるよう支援するための教

---

*1　坂田は「生れたばかりの子どもはもっぱら保護の対象であるが，小学校への入学，中学校への進学といった加齢（成長）に応じて，未成年者の自律的決定が認められる領域が徐々に拡大していくことになると考えられる」とする（坂田・田中，2011，p. 33参照）。

育活動と定義する（文部科学省，2022，p. 12）。

教育基本法における教育の目的・目標を学校教育において実現する上で，授業などの学習指導だけでなく，児童生徒の健全な心身の発達，社会性や道徳性の育成，進路指導やカウンセリングなど，児童生徒の全人的な成長を支援するための多岐にわたる活動を包括する生徒指導の存在は必要不可欠である。

（3）学習指導要領

学習指導要領は，「教育課程の基準を大綱的に定めるもの」である（文部科学省，2017a）。学習指導要領には各教科に関することはもちろん，学級活動や学校行事など学校における教育活動全般に関することが定められている。なお，学習指導要領は，学校教育法第33条，学校教育法施行規則第52条等の規定に基づき公示されており，法的拘束力を有するとされている。[*2]

学習指導要領の中で，生徒指導についても言及されており，例えば小学校では，「総則　第4　児童の発達の支援　1　児童の発達を支える指導の充実」において「（2）児童が，自己の存在感を実感しながら，よりよい人間関係を形成し，有意義で充実した学校生活を送る中で，現在及び将来における自己実現を図っていくことができるよう，児童理解を深め，学習指導と関連付けながら，生徒指導の充実を図ること」としている。

（4）その他関係法令

ここでは，「児童の権利に関する条約」と「こども基本法」について概観する。

「児童の権利に関する条約」は，1989年第44回国連総会において採択され，日本は，1994年に批准した。生徒指導を行う際には，児童の権利に関する条約の4つの原則（①差別の禁止，②児童の最善の利益，③生命・生存・発達に対する

---

*2　例えば，福岡伝習館高等学校訴訟（最高裁判所第一小法廷判決平成2年1月18日）では，学習指導要領に定められた目標・内容を逸脱した指導を行ったとして懲戒免職処分を受けた教員がその取り消しを求めて訴訟を提起した。この中で最高裁判所は，学習指導要領が「法規としての性質を有する」と解することは日本国憲法等に違反するものではないとした。

権利，④意見を表明する権利）については理解しておくべきである。さまざまな背景をもつ児童生徒に対して指導を行う際に，児童生徒らが性別，人種，障害の有無等により差別的な扱いを受けたと感じることがないよう対応することにつながる。なお，児童生徒の生活環境に課題がある場合などは，学校や教員が対応できることには限界があるため，地方自治体において児童生徒の最善の利益を考慮した支援等が行われるようスクールソーシャルワーカーなどと連携することになろう。児童生徒が安心して学習に取り組み，自己実現をはかることができる環境に身をおくことで，解決に向かう課題もあるはずである。

児童の権利に関する条約
第2条
1　締約国は，その管轄の下にある児童に対し，児童又はその父母若しくは法定保護者の人種，皮膚の色，性，言語，宗教，政治的意見その他の意見，国民的，種族的若しくは社会的出身，財産，心身障害，出生又は他の地位にかかわらず，いかなる差別もなしにこの条約に定める権利を尊重し，及び確保する。
第3条
1　児童に関するすべての措置をとるに当たっては，公的若しくは私的な社会福祉施設，裁判所，行政当局又は立法機関のいずれによって行われるものであっても，児童の最善の利益が主として考慮されるものとする。
第6条
1　締約国は，すべての児童が生命に対する固有の権利を有することを認める。
2　締約国は，児童の生存及び発達を可能な最大限の範囲において確保する。
第12条
1　締約国は，自己の意見を形成する能力のある児童がその児童に影響を及ぼすすべての事項について自由に自己の意見を表明する権利を確保する。この場合において，児童の意見は，その児童の年齢及び成熟度に従って相応に考慮されるものとする。

「こども基本法」は，2022年6月に公布された。「日本国憲法及び児童の権利

に関する条約の精神にのっとり，次代の社会を担う全てのこどもが，生涯にわたる人格形成の基礎を築き，自立した個人としてひとしく健やかに成長することができ，心身の状況，置かれている環境等にかかわらず，その権利の擁護が図られ，将来にわたって幸福な生活を送ることができる社会の実現を目指して，社会全体として（中略）こども施策を総合的に推進すること」が目的として示されている（第1条）。

　人々の権利意識が向上する中で，威圧的で一方的な生徒指導は，児童生徒に大きなストレスを与え，結果として児童生徒や保護者の信頼を失うことにつながりかねない。第3条の基本理念を押さえることで，児童生徒の人格や自尊心を尊重する指導につながる。学校全体が児童・生徒の成長を支える温かい環境となり，児童生徒らが自らの強みをいかし，多様な分野で能力を十分に発揮することができる。

こども基本法
（基本理念）
第3条　こども施策は，次に掲げる事項を基本理念として行われなければならない。
　　一　全てのこどもについて，個人として尊重され，その基本的人権が保障されるとともに，差別的取扱いを受けることがないようにすること。
　　二　全てのこどもについて，適切に養育されること，その生活を保障されること，愛され保護されること，その健やかな成長及び発達並びにその自立が図られることその他の福祉に係る権利が等しく保障されるとともに，教育基本法（平成十八年法律第百二十号）の精神にのっとり教育を受ける機会が等しく与えられること。
　　三　全てのこどもについて，その年齢及び発達の程度に応じて，自己に直接関係する全ての事項に関して意見を表明する機会及び多様な社会的活動に参画する機会が確保されること。
　　四　全てのこどもについて，その年齢及び発達の程度に応じて，その意見が尊重され，その最善の利益が優先して考慮されること。
　　五　こどもの養育については，家庭を基本として行われ，父母その他の保護者が

第一義的責任を有するとの認識の下，これらの者に対してこどもの養育に関し十分な支援を行うとともに，家庭での養育が困難なこどもにはできる限り家庭と同様の養育環境を確保することにより，こどもが心身ともに健やかに育成されるようにすること。

六　家庭や子育てに夢を持ち，子育てに伴う喜びを実感できる社会環境を整備すること。

2．児童生徒の懲戒と出席停止

(1) 児童生徒の懲戒

　日本の学校教育における児童生徒の懲戒に関しては，「校長及び教員は，教育上必要があると認めるときは，文部科学大臣の定めるところにより，児童，生徒及び学生に懲戒を加えることができる」（学校教育法第11条）とされている。ここでいう懲戒は，叱責などの事実上の懲戒と法的懲戒に大別することができる（坂田ほか，2021，p.168）。

　法的懲戒には，退学，停学，訓告の3種類がある（学校教育法施行規則第26条）。退学は，児童生徒の「教育を受ける権利を奪うもの」であり，停学は，児童生徒の「その権利を一定期間停止するもの」，訓告は，「非違をいましめ将来にわたってそのようなことのないように注意させること」をいう（鈴木，2014，p.95）。訓告は，教育を受けるという法的な地位については影響を及ぼさないが，対外的に校長名で処分の表示をする等の点で事実行為としての懲戒とは区別されている。なお「退学」は，私立学校の場合は可能だが，公立の小学校・中学校・特別支援学校等の学齢児童や学齢生徒に対しては，中等教育学校等の一部を除き行うことができない（学校教育法施行規則第26条第3項[*3]）。私立学校を退学になった子どもの場合，公立学校に通う道が残されているため，私立学校は

＊3　保護者が就学義務を負う（学校教育法第17条第1項，第2項）子のことを学齢児童，学齢生徒という（学校教育法第18条）。そのため，高等学校は，公立私立を問わず，懲戒としての退学処分を行うことが可能である。

子どもに対して退学を行うことが認められているが，公立学校が子どもに対して退学を行った場合，退学になった子どもは義務教育から排除されることになる。将来の日本社会を支える子どもたちを育成するという目的を達成させるためには，むしろ問題行動等を繰り返す子どもこそ，学校において社会のルールを学ぶ必要があるともいえ，義務教育を受ける機会を子どもから奪うことは許されない。

「停学」については，その期間，義務教育から排除されることとなるため，公立学校，私立学校を問わず学齢児童・学齢生徒に対して行うことは認められていない（学校教育法施行規則第 26 条第 4 項）。

「法的懲戒」は，子どもの人生をも直接左右しかねないため，その措置が単なる制裁にとどまることなく，児童生徒の教育的な成長を促す効果をもつものとなるように慎重かつ的確に行われなければならず，その過程で児童生徒の人権を尊重した対応が求められる。その際，児童生徒や保護者等から事情や意見をよく聴く機会をもつことも必要であろう。子どもに不利益処分が行われた場合，その妥当性をめぐって裁判になることも十分考えられるため，その意味でも子どもの権利に配慮した対応が必要なことは言うまでもない。

(2) 出席停止

公立小学校および中学校において，性行不良であって他の児童生徒の教育の妨げがあると認められる児童生徒があるときは，市町村教育委員会が，その保護者に対して，児童生徒の出席停止を命ずることができる（学校教育法第 35 条，第 49 条）。この出席停止制度は，退学や停学等とは異なり，本人に対する懲戒ではなく，ほかの児童生徒の義務教育を受ける権利を保障するためのものである。そのため教育委員会は，「定められた要件に基づき，適正な手続を踏みつつ，出席停止制度を一層適切に運用することが必要である。また，出席停止制度の運用に当たっては，他の児童生徒の安全や教育を受ける権利を保障すると同時に，出席停止の期間において当該児童生徒に対する学習の支援など教育上必要な措置を講ずることが必要である」とされる（文部科学省，2001）。

第3章　生徒指導上認められる，必要かつ合理的な範囲内の制約とは何か？

　具体的には，市町村教育委員会が出席停止を命じる場合には，あらかじめ保護者の意見を聴取するとともに，理由および期間を記載した文書を交付しなければならない。なお，出席停止期間中においては，出席停止の児童生徒に対しては，その保護者が責任をもって指導にあたることが基本とされている。しかし，出席停止が義務教育を受ける権利と衝突することから，保護者に任せきりでいいというわけではなく，市町村教育委員会は，その期間の学習に対する支援その他の教育上必要な措置を講じなくてはならない。だが，財政難の地方公共団体も少なくない中で，そのような支援を行うことは容易なことではない。文部科学省からは，暴力行為等の問題行動を繰り返す児童生徒に対しては，出席停止措置をとることをためらわずに検討するよう要請されているが，実際には出席停止措置をとるために解決しなければならない財政上の課題が残されているのである。

3. 校則と生徒指導

(1) 校則の法的性質と教育的意義

　一般的に生徒規則や生徒心得といわれるものを総称して「校則」と呼ぶ。[*4]校則は，学校内規のひとつであり，その学校の生徒指導の基礎となる原則を示している。法令上，校則について定める規定はないが，最高裁判所は，「校長は，教育の実現のため，生徒を規律する校則を定める包括的な権能を有する」とする。また，「教育は人格の完成をめざす（教育基本法第1条）ものであるから」，「教科の学習に関するものだけでなく，生徒の服装等いわば生徒のしつけに関するものも含まれる」としている。ただし，校則は，「学校における教育に関連し，かつ，その内容が社会通念に照らして合理的と認められる範囲においてのみ是認される」としている。[*5]

　『生徒指導提要（改訂版）』においても，「校則は，児童生徒が健全な学校生活

＊4　大津（2021，p. 123）は「歴史的にさかのぼると，そもそも生徒心得としてはじまった道徳的規範が，今日の校則となっている」と指摘する。

37

を送り，よりよく成長・発達していくために設けられるもの」とする（文部科学省，2022，p. 101）。また，「児童生徒が心身の発達の過程にあることや，学校が集団生活の場であることなどから，学校には一定のきまりが必要」であり，「学校教育において，社会規範の遵守について適切な指導を行うことは極めて重要なことであり，校則は教育的意義を有」するという点も押さえておきたい（文部科学省，2021）。

なお，校則は，学校において備えなければならない表簿のひとつである「学則」（学校教育法施行規則第3条）とは異なり，この学則をさらに細かく定めたガイドラインとしての性質をもつと考えられている。

(2) 校則見直しの動き

学校は，教科等の知識はもちろん，社会のルールや人間関係等を学ぶ場所でもあるため，校則を用いて生徒指導を行うことには，一定の教育的意義があることは上記でも触れたとおりである。例えば，学校が，校則により未成年者の喫煙や飲酒といった違法行為を制限することは，未成年者の健康と安全を守るために制定された健康増進法や未成年者飲酒禁止法などを補強するものであり，児童生徒を保護するための適切な措置である。またこれらの制限を通じて，児童生徒は社会におけるルールを学び，責任ある行動をとることができるようになると考えられる。

校則では，ほかにも，服装や髪型，学校外でのアルバイトなどの制限が慣習的に行われてきた。これらの制限は，学校生活の秩序を保ち，生徒の集団生活における協調性を養うという教育的意義をもつ一方で，日本国憲法における個人の尊厳や幸福追求権，表現の自由といった基本的人権とのバランスを考慮する必要がある。

近年，日本社会全体の人権意識の高まりと多様性を重視する社会的風潮が強

---

*5　中学生が男子生徒の髪型を「丸刈，長髪禁止」と定める校則について争った事案では，裁判所は，校長が髪型を定める校則を制定・公布したことは，裁量権を逸脱したとはいえず，違法ではないとした（熊本丸刈り訴訟〔熊本地方裁判所判決昭和60年11月13日〕）。

くなる中で、いわゆる「ブラック校則」に対する批判が高まっており、メディアなどでもしばしば取り上げられている。学校は、児童生徒の実態、保護者の考え方や地域の実情等に照らし、校則の見直し、校則の教育的意図を児童生徒や保護者に対して明確に説明する必要があるであろう。

そもそも「校則違反」を見つけ、それを是正させるなどの指導を行うだけが教育ではない。児童生徒会活動等の一環として、校則を見直す活動に、児童生徒を参加させ、その意見を反映させることは、主権者として責任ある行動をとる人間を育てるという意味でも大変重要なことである。

4. 違法および不適切な指導と生徒指導

(1) ハラスメント

学校教育における生徒指導は、児童生徒の学習や心の成長を促す上で不可欠な役割を果たしている。しかし、近年、生徒指導の過程でセクハラやパワハラといったハラスメントが発生することも少なくない。[7] ハラスメントに対する社会的な意識が高まっており、以前は許容されていた指導方法が、今日ではハラスメントとして認識されることが増えていることも、ハラスメント事案が発生しやすい背景になっているであろう。

そもそも教員と児童生徒とは、「指導する側（評価する側）」と「指導される側（評価される側）」という権力関係の不均衡が生じやすい。そのため児童生徒は自己の意見を述べることが困難になる場合があり、ハラスメントを受けたと感じやすくなる。また、児童生徒は発達段階にあり、心理的に脆弱な側面をもつ。ストレスやプレッシャーに対する耐性が低い児童生徒の場合、指導の過程で受ける精神的な負荷を過大に感じ、それがハラスメントとしての訴えにつながるこ

---

[6] ブラック校則についての新聞記事には、例えば「県立高校則、ＨＰ公開　県教委、校長へ働きかけ」（読売新聞社，2023）等がある。ほかにも校則の見直しについては、弁護士会が意見書や提言等を出している。例えば、福岡県弁護士会（2021）。

[7] 鳥取県教育委員会（2019, pp. 1-2）は、しおりの中で、セクハラやパワハラなどの例を具体的に示している。

ともある。なお，生徒指導では児童生徒のプライバシーに関わる事案等，個別指導が行われることも少なくないが，個別指導の場面では，閉鎖された空間の中で，1対1で対応することも多く，ハラスメントの危険が一層高まる点に留意が必要である。このように生徒指導の場面では，児童生徒がハラスメントを受けたと感じ，それを訴える事案が発生しやすくなるということを念頭におき，教員は自らの指導方法を客観的に見つめ，児童・生徒の意見や感情を尊重する姿勢をもち，児童生徒と効果的なコミュニケーションをはかることが不可欠となろう。

　なお，職場におけるセクハラやパワハラに関しては，「雇用の分野における男女の均等な機会及び待遇の確保等に関する法律（男女雇用機会均等法）」や「労働施策の総合的な推進並びに労働者の雇用の安定及び職業生活の充実等に関する法律（労働施策総合推進法）」により防止措置をとることが事業主の義務となっている。ほかにも，生徒指導とは直接関係はないが，性暴力に関する法令として，2021年6月，「教育職員等による児童生徒性暴力等の防止等に関する法律」が公布された。本法律は，「児童生徒等の尊厳を保持するため，（中略）教育職員等による児童生徒性暴力等の防止等に関する施策を推進し，もって児童生徒等の権利利益の擁護に資することを目的」としており，これを受け，文部科学省は，「教育職員等による児童生徒性暴力等の防止等に関する基本的な指針」（2023年7月改訂）の策定等を行った。あってはならないことではあるが，教育職員等による児童生徒への性暴力被害が発生した場合には，迅速に被害児童生徒等に対して，保護や支援を行う必要がある。そのため，被害が発生した場合を想定し相談体制などを整備しておく必要があろう。

（2）体罰

　学校教育法第11条において，「校長及び教員は，教育上必要があると認めるときは，文部科学大臣の定めるところにより，児童，生徒及び学生に懲戒を加えることができる。ただし，体罰を加えることはできない」と規定している。

　日本における体罰禁止に関する規定を遡ると，1879（明治12）年に出された

教育令（太政官布告第 40 号）第 46 条において「凡学校ニ於テハ生徒ニ体罰（殴チ或ハ縛スルノ類）ヲ加フヘカラス」と規定されている[*8]。一方，「殴チ或ハ縛スルノ類」以外は体罰とはならないという解釈を生み出したと解することも可能であり，この規定により，有形力の行使が実際どの程度制約されたかについては疑問が残るところである（黒川ほか，2019，p. 41）。学校教育法第 11 条の体罰禁止規定はこの延長線上にある。

　実際，文部省初等中等教育局教務関係研究会が出した『教務関係執務ハンドブック』をみると，「4　児童生徒の懲戒権の限界」の「体罰」の中で，法務庁見解（昭和 23 年 12 月 22 日法務調査意見長官通達）が参考となるとしつつも，下記の見解を示している（文部省，1976，p. 3333 の 2）。

　以上，要するに『体罰』とは，物理的行為によって身体に侵害を加える場合および当該児童生徒にとって社会通念上許されない程度の肉体的苦痛を生じさせる場合を意味するのである。ただし，身体に侵害を加える行為がすべて体罰として禁止されるわけではない。すなわち，機械的に判断すれば身体に侵害を加える行為であっても，傷害を与えない程度に軽く叩くような場合は，父兄がその保護下にある子弟に対し懲戒として通常用いている方法であり，校長および教員が単なる怒りに任せたものではない教育的配慮にもとづくものである限りにおいて，軽く叩く等の軽微な身体に対する侵害を加えることも事実上の懲戒の一種として許されると解するのが相当であろう。つまり，時には叩くことが最も効果的な教育方法である場合もあり，いわゆる「愛の鞭」として許される程度の軽微な身体への行為ならば行っても差し支えないと解される。しかし，同時に心身の未発達な児童生徒の人権の保護についてはあくまで慎重を期さねばならず，たとえ教育者としての愛情から出た行為であって傷害を与えるようなものではなくても，なるべく身体の侵害と受け取られるような行為は避けるよう努力することが望ましいと言えるであろう。

＊8　そもそも「体罰」という用語は，当時の日本人に馴染みのない新語であったため，審議の過程で説明のために分註が挿入されたとされる（寺崎・金次，1992，p. 29）。

法律制定当初から法制度と現状は乖離しており，「許容される体罰」の存在が一部において根強く支持されてきたのである（黒川ほか，2019，pp. 45-47）。

　しかし，2012 年大阪市立桜宮高等学校において，部活動での体罰を背景とした自殺事件をきっかけに，これまで以上に体罰に対して厳しい目が向けられるようになった。2013 年 3 月，文部科学省は「体罰の禁止及び児童生徒理解に基づく指導の徹底について（通知）」を出し，体罰に関する解釈および運用を改めた。この中では「有形力の行使」という文言も，正当防衛等，危険を回避するために行われたやむをえない行為に限定されて使用されている点に留意が必要である。

　なお，2019 年 6 月には児童虐待の防止等に関する法律等が改正され，親権者等であっても，児童のしつけに際して，体罰を加えてはならないことが規定された。2022 年 12 月には，民法が改正され，親権者による懲戒権の規定が削除され，親権者は，「子の人格を尊重するとともに，その年齢及び発達の程度に配慮しなければならず，かつ，体罰その他の子の心身の健全な発達に有害な影響を及ぼす言動をしてはならない」とされた。また，児童虐待の防止等に関する法律等についても，これに合わせる改正が行われている。これらの社会的状況を勘案すると，今後，教員の体罰に対しては，一層厳しい目が向けられることになるであろう。

民法（明治 29 年法律第 89 号）
（子の人格の尊重等）
　第 821 条　親権を行う者は，前条の規定による監護及び教育をするに当たっては，子の人格を尊重するとともに，その年齢及び発達の程度に配慮しなければならず，かつ，体罰その他の子の心身の健全な発達に有害な影響を及ぼす言動をしてはならない。

児童虐待の防止等に関する法律（平成 12 年法律第 82 号）
（児童の人格の尊重等）
第 14 条　児童の親権を行う者は，児童のしつけに際して，児童の人格を尊重する
　　とともに，その年齢及び発達の程度に配慮しなければならず，かつ，体罰その他
　　の児童の心身の健全な発達に有害な影響を及ぼす言動をしてはならない。

（3）不適切な指導

　体罰などの違法な指導は言うまでもなく，過度な叱責や個人の尊厳を傷つけ
る言動等の不適切な指導により，児童生徒の心身の健康問題が引き起こされる
等深刻な影響を及ぼすケースが少なからず存在する。

　この点，『生徒指導提要（改訂版）』は「身体的な侵害や，肉体的苦痛を与え
る行為でなくても，いたずらに注意や過度な叱責を繰り返すことは，児童生徒
のストレスや不安感を高め，自信や意欲を喪失させるなど，児童生徒を精神的
に追い詰めることにつながりかね」（文部科学省，2022，p. 105）ないと指摘する。
たとえ，客観的にみれば日常的な声かけや指導であり，「不適切な指導」とまで
はいえなかったとしても，児童・生徒は，個々の状況によっても受け止めが異
なるため，「指導を行った後には，児童生徒を一人にせず，心身の状況を観察す
るなど，指導後のフォローを行うことが大切」である。

　生徒指導を行う際，教員は，自らの指導や対応が児童・生徒の人生に多大な
影響をプラスにもマイナスにも及ぼす可能性があり，場合によっては児童・生
徒の不登校や自殺の原因にさえなり得ることを認識することが重要である。そ
の指導が不適切な指導や対応と受け取られることのないよう，社会的風潮等も
踏まえつつ，保護者と協力しながら生徒の共感的理解に努めることが求められ
るのである（文部科学省，2017b）。

教員である以上，児童・生徒の基本的人権を尊重し，その権利を侵害するような指導方法をとるべきではないことは言うまでもない。一方で，校則に代表されるように，学校教育の性質上，必要かつ合理的な範囲内で児童・生徒の行動に一定の制限を課すこと（児童・生徒の権利を制限すること）により，一定の教育成果を得ることが可能な側面も存在する。このように相反するベクトルを内包するからこそ，社会的風潮や地域社会・家庭の考え方の変化などを踏まえつつ，学校が教育活動を進める上で必要かつ合理的な範囲の制約とは何かを問い続け，自らの指導方法を見直し続ける必要がある。

引用文献

大津尚志（2021）．校則を考える――歴史・現状・国際比較．晃洋書房
黒川雅子・山田知代・坂田仰（2019）．生徒指導・進路指導論　JSCP双書No.5．教育開発研究所
坂田仰・黒川雅子・河内祥子・山田知代（2021）．図解・表解教育法規　新訂第4版．教育開発研究所
坂田仰・田中洋（2011）．教職教養日本国憲法――公教育の憲法学的視座　補訂第2版．八千代出版
鈴木勲（2014）．逐条学校教育法．学陽書房
寺崎弘昭・金次淑子（1992）．日本における学校体罰禁止法制の歴史．牧柾名・今橋盛勝・林量俶・寺崎弘昭（編著）　懲戒・体罰の法制と実態．学陽書房，p. 29.
鳥取県教育委員会（2019）．児童・生徒に係るハラスメント防止のしおり．pp. 1-2.
福岡県弁護士会（2021）．「中学校校則の見直しを求める意見書」
　https://www.fben.jp/suggest/archives/2021/02/post_396.html（2024年2月15日閲覧）
文部科学省（2001）．出席停止制度の運用の在り方について（通知）13文科初725号
文部科学省（2017a）．小学校学習指導要領
文部科学省（2017b）．「池田町における自殺事案を踏まえた生徒指導上の留意事項について」29初児生第28号
文部科学省（2021）．校則の見直し等に関する取組事例について（通知）．事務連絡令和3年6月8日
文部科学省（2022）．生徒指導提要（改訂版）
　https://www.mext.go.jp/content/20230220-mxt_jidou01-000024699-201-1.pdf（2024年10月10日閲覧）
文部省（1976）．教務関係執務ハンドブック．第一法規
読売新聞社（2023）．県立高校則，ＨＰ公開　県教委，校長へ働きかけ．読売新聞　徳島全県　6月13日朝刊，25面

第 **4** 章

不適応予防と適応促進には
どうしたらよいのか？
—— すべての児童生徒を対象とした生徒指導

<<<　学習のポイント　>>>

- 課題未然防止教育と発達支持的生徒指導の必要性と意義を説明できる。
- すべての児童生徒を対象とした SEL プログラムについて，その特徴を説明できる。
- 小・中・高校のいずれかの校種での SEL プログラム実践例について，指導計画と教育課程内での位置づけを理解する。

病気になったり怪我をしたりすれば，当然医療機関で治療を受ける。誰でもそうした病気や怪我を経験したくないので，さまざまな予防をして，さらには元気で安全に過ごせるように工夫をしている。
　それでは，生徒指導におけるさまざまな不適応行動や不適応状態を予防したり，さらには適応状態を促進したりするためには，どのような取り組みがあるのだろうか。これまでの小中高等学校までの学校生活の中での経験からいくつかリストアップしてみよう。

1. 子どものもつニーズへの対応

(1) 子どもの教育的ニーズ

　子どもがもつニーズの中で，特に教育に関するものが教育的ニーズと呼ばれる。幼稚園や学校には多様な背景をもつ幼児・児童生徒が在籍しており，その結果これらの子どもがもつ教育的ニーズはさまざまだが，そのニーズは大きく3つに区分できる。
　まずすべての子どもがもつ教育的ニーズとして，入学時の適応や学習スキル，そして対人関係等が挙げられる。次に一部の子どもがもつ教育的ニーズとしては，登校しぶりや学習意欲の低下等がある。さらに，特定の子どもに限定されるものとしていじめや発達障害等が挙げられる。これらの教育的ニーズに対する支援は，順に一次的援助サービス，二次的援助サービス，三次的援助サービスと呼ばれている。

(2) 一次的援助サービスとしての生徒指導

　学校で行われる生徒指導との関係でいうと，一次的援助サービスは，『生徒指導提要（改訂版）』でいうところの常態的・先行的（プロアクティブ）生徒指導に

第4章　不適応予防と適応促進にはどうしたらよいのか？

該当する（文部科学省，2022）。これは予防・開発的アプローチと呼ばれることもあり，その内容として発達を積極的に促進しようとする「発達支持的生徒指導」と，教育課題の予防を意図する「課題予防的生徒指導」の「課題未然防止教育」が含まれる（第1章2.参照）。冒頭の問いで尋ねた不適応行動や不適応状態の予防や適応状態の促進のための取り組みとしては，オリエンテーションや集会等を思い出すことが多いかもしれない。これらはすべて一次的援助サービスに該当する。

　理解のためのイメージとしては，「発達支持的生徒指導」は現状からプラスの方向への指導であり，「課題未然防止教育」は現状がマイナス方向に向かわないための指導と考えるとよいだろう。「生徒指導」という言葉には，ともすると特別な教育的ニーズをもつために，課題状況にいたり問題行動を示したりする子どもへの個別指導というイメージがあるかもしれない。しかし，ここで説明する一次的援助サービスは，全員を対象とした教育活動である点が特徴である。

（3）学校適応と学力向上

　保護者と教師のどちらも，子どもが元気に学校生活を送り，学力が身について心身ともに成長することを願っている。特にどの学校も学力向上を目指しているが，図4-1は学力が向上するための構造の一例を図示したものである。台形のモデルの最下段に「社会性（自己の捉え方，他者との関わり方）」があり，その上に学習規律や学習の基礎・基本，そして応用力が積み上げられている。学力向上をはかる際には，一般に下から2段目〜4段目に注目してさまざまな方策が工夫されることが多い。しかし，この図は最下段がしっかりと形成されることによって，その上にある層が効率よく形成されることを示している。

　実は，この図の台形部分は学校，家庭，地域社会によって下支えされている。これは，子どもと周囲の環境との相互作用が重要な意味をもつことを示しているが，その影響の量と質は子どもによって異なる。また社会状況の変化も影響している。そのため，子どもの実態には個人差と年代差があるといえる。そうした個人差や年代差を踏まえて，効果的に学校適応や学力向上を進めるために

47

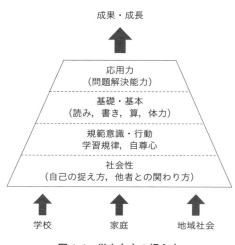

図 4-1 学力向上の捉え方
出所:小泉(2011)をもとに一部改変。

は,最下段の社会性は非常に重要なのである。

2. 人と関わる力の育成

 図 4-1 の最下段の「社会性(自己の捉え方,他者との関わり方)」とは,簡単にいうと"人と関わる力"といえる。どのように自己を理解し,どのように周囲の他者と相互作用を行うのかという点が,学力向上だけでなく学校適応の基盤をなしていると考えられる。人間関係づくりとして以前から取り組みが行われているが,特に昨今では重要性が高まっているといえよう。

(1) 社会性と情動の学習(SEL)

 すべての子どもを対象とした一次的援助サービスとして,学校等ではさまざまな教育活動が行われている。例えば,入学時のオリエンテーションや学習方法に関する指導(例:ノートの取り方や家庭学習の指導),またあいさつ等を含め

た基本的生活習慣の指導等である。

　ここでは，そうした指導をより効果的にする取り組みとして，社会性と情動の学習（social and emotional learning: SEL）を説明する。これはアメリカのNPOのCASEL（The Collaborative for Academic, Social, and Emotional Learning）が提唱しており，[*1]わが国では「自己の捉え方と他者との関わり方を基礎とした，社会性（対人関係）に関するスキル，態度，価値観を育てる学習」（小泉，2011）と説明されている。SELは，図4-1の最下段の「社会性（自己の捉え方，他者との関わり方）」を育てるための有効な取り組みのひとつといえる。

(2) 認知能力と非認知能力

　学校の教科学習で身につける知識，思考力，理解力は認知能力と呼ばれ，これらは学力テスト等で測定されている。これに対して，学力テスト等でははかれない感情制御や人と関わる力等は，非認知能力と呼ばれている。SELで育てようとする能力はこの非認知能力に該当する。近年，この非認知能力の重要性が注目され，OECD（Organization for Economic Co-operation and Development：経済協力開発機構）でも，社会の発展と個人のウェルビーイングにつながる能力として取り上げている（OECD, 2015）。

3. SELプログラム

　SELのために，世界中で非常に多くの学習プログラムが開発・実践されていて，それらはSELプログラムと呼ばれている。なお，わが国では心理教育プログラムと呼ばれることも多い。それらの学習プログラムで育成をはかる能力は社会性と情動のコンピテンス（social and emotional competence）と呼ばれ，これ

[*1]　正式には，「健康なアイデンティティの発達，情動（感情）の管理と個人・集団の目標達成，他者への共感とその表出，支持的な関係づくりとその維持，そして責任と思いやりのある決定ができるように，すべての若者や大人が知識，スキル，態度を身につけて使えるようになる過程」を意味している（Collaborative for Academic, Social, and Emotional Learning〔a〕）。

表 4-1 CASEL が提唱する社会性と情動のコンピテンス

能力	説明
自己への気づき (self-awareness)	自分の感情（情動）や思考や価値観と，それらが状況全般における行動にどのように影響を及ぼすのかを理解する能力。これには，十分に根拠のある自信と目標のもと，自分の長所と限界を認識する能力を含む。
セルフ・マネジメント (self-management)	さまざまな状況で自分の感情（情動），思考，行動を効果的に管理して，目標と願いを達成する能力。これには，個人および集団の目標達成のための，満足遅延，ストレス管理，そしてモチベーションとエージェンシーを感じる力を含む。
責任ある意思決定 (responsible decision-making)	さまざまな状況での個人的行動や社会的相互作用について，思いやりのある建設的な選択をする能力。これには，倫理基準と安全上の懸念を考慮し，個人的，社会的，および集団のウェルビーイングのためのさまざまな行動による利益と結果を評価する能力を含む。
対人関係スキル (relationship skills)	健全で協力的な関係を確立および維持し，多様な個人やグループとの設定を効果的に導く能力。これには，明確にコミュニケーションを行い，積極的に耳を傾け，問題解決と建設的な紛争の交渉のために協力して作業し，異なる社会的および文化的な要求と機会を伴った状況をナビゲートし，リーダーシップを発揮して，必要に応じて助けを求めたり提供したりする能力を含む。
他者への気づき (social awareness)	多様な背景や文化や文脈をもつ者を含めて，他者の視点を理解し，共感する能力。これには，他者への思いやりをもち，さまざまな状況での行動に関するより広範な歴史的および社会的規範を理解し，家族，学校，および地域コミュニティのリソースとサポートを認識する能力を含む。

出所：Collaborative for Academic, Social, and Emotional Learning（b）をもとに筆者作成。

はまさに上で述べた非認知能力である。

　社会性と情動のコンピテンスとして，CASEL では表 4-1 の 5 つを挙げている。これらは互いに関連していて，全体として子どもの教育的ニーズに応えることが目指されている。

(1) SEL プログラムの例

　わが国で実践されている SEL プログラムは多数あるが，その一例を表 4-2 に示す。これらは，背景となる理論や学習のねらいあるいは学習方法にそれぞれ特徴があるので，取り組みの際にはそれらをよく理解して実践する必要がある。

(2) 重要な教育課題への対応

　重要な教育課題には個々の注目すべき特徴や要因，そして指導の留意点があ

第 4 章　不適応予防と適応促進にはどうしたらよいのか？

表 4-2　SEL プログラムの例

プログラム等名	説明と参考になる文献 ※文献は章末の「引用文献」参照
ソーシャルスキル トレーニング	さまざまな社会的技能をトレーニングにより育てる方法である。相手を理解する，自分の思いや考えを適切に伝える，人間関係を円滑にする，問題を解決する，集団行動に参加するなどがトレーニングの目標となる（国分ほか，1999）。
構成的グループ エンカウンター	「エンカウンター」とは「出会う」という意味で，グループ体験を通して他者や自分に出会う。人間関係づくりや相互理解，協力して問題解決する力などが育成される。学級づくりや保護者会などで活用できる（国分，1992）。
ピア・サポート 活動	「ピア」とは児童生徒「同士」という意味で，児童生徒の社会的スキルを段階的に育て，互いに支え合う関係を作るためのプログラムである。ウォーミングアップ，主活動，振り返りという流れを一単位として，段階的に積み重ねていく（中野ほか，2008）。
アサーション トレーニング	「主張訓練」と訳され，対人場面で自分の伝えたいことをしっかり伝えるためのトレーニングである。断る，要求する，ほめる，感謝する，自分の気持ちを表す，援助を申し出るなどの社会的行動の獲得を目指す（平木，2009）。
アンガー マネジメント	怒りの対処法を段階的に学ぶ方法である。「キレる」行動に対して「キレる前の身体感覚に焦点を当てる」「身体感覚を外在化しコントロールの対象とする」「感情のコントロールについて会話する」などの段階を踏んで怒りなどの否定的感情をコントロール可能な形に変える（本田，2002）。
ストレス マネジメント 教育	さまざまなストレスに対する対処法を学ぶ手法である。はじめにストレスについての知識を学び，その後，リラクゼーション，コーピング（対処法）を学習する。危機対応などによく活用される（竹中，1997）。
ライフスキル トレーニング	自分の身体や心，命を守り，健康に生きるためのトレーニングである。セルフエスティーム（自尊感情）の維持，意思決定スキル，自己主張コミュニケーション，目標設定スキルなどの獲得を目指す。喫煙，飲酒，薬物，性などの課題に対処する方法である（WHO／JKYB 研究会訳，1997）。

出所：文部科学省（2010）をもとに筆者作成。

る。例えば，薬物乱用であれば違法薬物の種類や違法行為の範囲，そして違法薬物以外でもその行為が心身に及ぼす悪影響等についての正しい科学的知識が必要である。しかし，それだけでは十分な予防教育といえない。

　科学的知識だけではなく，自分を大切な存在と感じる自尊心や，危険なことや違法な行為はしないという規範意識がないと，有効な薬物乱用防止にはならない（図 4-2）。自尊心や規範意識がない状態で，単に問題行動等についての知識や情報が伝えられると，興味本位で問題行動等に関わってしまう危険性がある。あるいは，他者に認められたいという思いや注目されたいという気持ちからあえて問題行動等を行うことも予想される。この自尊心や規範意識の醸成に，SEL プログラムは重要な意味をもっている。本書でも取り上げるほかの教育課

51

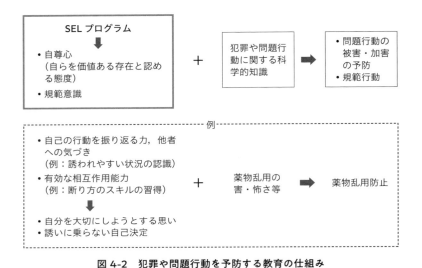

図 4-2　犯罪や問題行動を予防する教育の仕組み
出所：小泉（2017）をもとに一部改変。

題や関連する指導（例：不登校，いじめ，暴力行為，自殺予防教育，SOS の出し方教育，情報モラル教育，性に関わる問題等）のいずれにも，その予防のための取り組みの基盤として SEL プログラムでの学習が有効である。

(3) SEL プログラムの学習方法

　SEL プログラムの学習は表 4-3 のような流れで進むことが多い。この中で，特に「③気づきの促進，スキルの定着」部分は重要である。これは，この学習を単なる知識や理解に終わらせるのではなく，"気づき"（例：そういうことなのか！　こうすればいいんだ！）をもたらし，"コツ"（スキル，技術）が身につくようにする必要があるためである。

　SEL プログラムの学習内容は，①感情・情動への注目，②スキルへの注目，③スキル習得の重視が特徴となっている。ここでは，SEL プログラムのひとつである小中学生対象の SEL-8S（Social and Emotional Learning of 8 Abilities at School）プログラム（小泉・山田，2011a；2011b）を例にして，これらの特徴を

52

表 4-3 SEL プログラムの学習の流れの概要

段階	おもな活動内容
①導入，めあての提示	ウォーミングアップ，学習目標の理解
②学習事項の要点の提示	スキルの要点の理解，気づきのための問題意識をもつ
③気づきの促進，スキルの定着	指導者のモデリングの観察，ロールプレイングでの練習，ゲーム等による気づき，練習課題の実施
④まとめ，振り返り	実生活場面への適用の気づき，実行への自己決定や決意表明，これらの共有

出所：筆者作成。

説明する。

① 感情・情動への注目

情動とは，怒り，恐れ，喜び等，比較的短い時間に生じる急激な感情の動きを指し，生理的な興奮を伴うものをいう。例えば，突然"キレて"攻撃行動に出ようとしたり，恐れのために動悸が高まって発汗したりするような場面を想像するとよい。こうした情動のコントロールには，脳の比較的中心部にある扁桃核と呼ばれるアーモンド状の形態をした一対の器官が深く関わっている。また，脳科学の進展によって，感情や情動が人間の思考，判断，行動等に深く関わっていることが明らかになっている。

SEL プログラムではこの感情・情動に注目しており，例えば SEL-8S の小学校低学年対象「おこっているわたし」（図 4-3a.）という学習では，自分の怒っている状態に気づかせ，さらにそれを適切に伝える方法を学ぶ。また，小学校中学年対象「こころの信号機」の学習（図 4-3b.）では，衝動的な怒りをコントロールして，適切な表出ができるように 3 段階のステップを学習する。この学習は中学校ではさらに，「黄：注意（考える）」の段階で相手に"何か仕方のない事情や理由があるのかもしれない"ということを考慮する内容が加わる。これらの学習以外にも，発達段階に合わせて，感情・情動の認知とコントロール，そして適切な表出・伝達方法が身につくように学習が組まれている。

② スキルへの注目

日常の子どもへの指導の中では，「～しなさい」という指示がよく使われる。

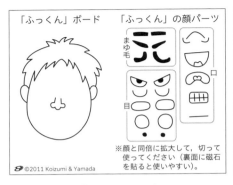
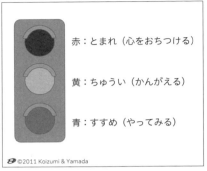

a.「おこっているわたし」　　　　　b.「こころの信号機」モデル

図 4-3　感情・情動の認知とコントロールのための教材例

それを「こうしてやるんだよ」というように具体的なスキル（コツ）として指導すると行動が身につきやすい。例えば，「各グループでしっかり話し合いなさい」という場合に，どういったコツがあるのかを示したものが図 4-4a. である。このコツを覚えやすいように「ひじのな」と語呂合わせにしてある。これは感情的にならずに自由な発言が保障される学習の場をつくるために，重要な学びとなる。こうした事前学習の後に，教科や教科外の話し合い場面でこの「ひじのな」を想起させることによって，質の高い話し合いに導くことができる。

　また，子どもの間でも誘いや依頼を断るのは容易でないことがある。たいていは，そういう場面では「はっきりと断りなさい」と指導する。しかし，断ることは友人関係で必要なことがあるという内容とともに，相手にも受け入れやすい断り方のコツを指導するとよい。そのコツを指導するためのポスターが図 4-4b. である。「こわかー」と語呂合わせになっており，小学校だけでなく友人関係がより複雑になる中学校でも指導の機会が必要である。

③　スキル習得の重視

　子どもが好ましいスキルを習得するためには，単にスキルの知識や理解だけでは不十分である。それを実際に使用できるように，例えばロールプレイングや，種々の場面を想定した練習（ゲーム等）が必要である。このスキル習得の時

第4章 不適応予防と適応促進にはどうしたらよいのか？

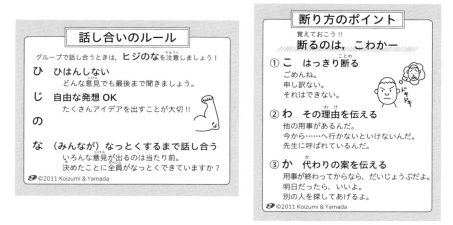

a. グループ討議のときのコツを示したポスター　　b. 断り方のスキルを表したポスター

図 4-4　スキル（コツ）に注目するためのポスター例

間を十分に確保することが，学習の効果を左右する。

　なおロールプレイングでは，ふざけたり遊びの場面とならないように，事前に学習の約束（ふざけない，友だちの上手な点を見つけよう，自分のやり方を振り返ろう等）を決めておくとよい。また，いじめ役や悪い誘いをする役を子どもにさせてはならない。好ましくないスキル習得の可能性があるためである。なお，演じる役割によっては，その役の影響が残らないようにロールプレイング後に感想を聞いたりしてその役割を解くための工夫を入れることもある。

4．SELプログラムの組織的実践

(1) 校内体制と教育課程

　SELプログラムは，すべての子どもを対象としたものであり，ある学級だけでなく学年全体，さらには学校全体での実践が求められる。それには，校内体制として学校内でその実践を担当する組織（例：生徒指導委員会）が定められ，

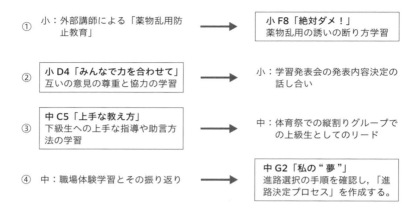

図 4-5　SEL プログラムと学校行事やほかの学習との関連づけの例
注）枠囲みは SEL-8S（小泉・山田，2011a；2011b）の学習を表し，その中のアルファベットと数字はその授業区分を示す。
出所：筆者作成。

また実践をリードする主担当者（例：SEL 推進担当係）が必要である。

そして，組織的実践のためには教育課程（カリキュラム）内に SEL プログラムの実施計画が組み込まれている必要がある。現状では，特別活動や総合的な学習／探究の時間等に位置づけられていることが多い。実施する SEL プログラムに学習内容の順序や回数が定められておらず，学校で独自の実施計画を編成できる場合は，カリキュラム・マネジメントの観点をいかして，学校行事やほかの学習活動と関連づけると効果的である（図 4-5）[*2]。こうした関連づけによって，知識を得たり理解したりした上で，それを実際の行動に移すためのスキル習得が組み合わされたり（図 4-5 の①，④），SEL プログラムで学んだスキルを実際に使用する学習場面が適切に用意されたりすることになり（図 4-5 の②，③），社会性と情動のコンピテンスの向上を期待できる。

＊2　SEL-8S の授業区分については SEL-8 研究会「小学校編授業用資料」を参照のこと。
https://www.sel8group.jp/sel8s-e.html

第 4 章　不適応予防と適応促進にはどうしたらよいのか？

表 4-4　公立 A 中学校の SEL-8S 実施 4 年間の諸課題および学力の変化

年度	2015	2016	2017	2018
問題行動（件）	153	112	107	47
不登校生徒数（人）[%]	34 [5.4]	22 [3.6]	21 [3.5]	18 [3.3]
全国学力・学習状況調査：中学 3 年 （実施教科 AB の県平均との差の合計）	+3.2	+0.5	+11.0	+21.0

出所：小泉（2020）。

（2）実践継続の効果

　SEL プログラムによる問題行動の減少と学力向上が，海外やわが国で示されている（Durlak et al., 2011; Takizawa et al., 2023）。学校生活への不適応の予防と適応促進そして学力向上に，SEL の実践が効果的であることがわかる。

　実践例として，長期にわたる SEL-8S プログラムの教育効果を示したものが表 4-4 である。A 中学校では，事後対応すなわち困難課題対応的生徒指導では限界があると判断し，すべての生徒を対象とした予防・開発的な取り組み（課題未然防止教育，発達支持的生徒指導）を開始した。全校での取り組みの結果，4 年間で問題行動と不登校生徒数が減り，一方学力が向上した。今後，校種を問わず SEL プログラムを用いた積極的な取り組みが期待される。

　生徒指導というと，どうしても個別事案への対処がイメージされやすい。しかし，それだけではなく，その予防やさらには現在の適応状態の向上が重要である。本章ではそのためのすべての児童生徒を対象とした教育活動を学んだ。こうした取り組みは，実際にどのように実践されているのだろうか。また今後どうあるべきなのだろうか。ぜひ考え続けてほしい。

　さらには，もし可能であれば本章で紹介した SEL プログラムの実践場面を参観したり，補助者として指導したりする機会がもてるようにするとよいだろう。ぜひ，積極的に体験の機会を求めてほしい。

引用文献

小泉令三（2011）．子どもの人間関係能力を育てる SEL-8S ①──社会性と情動の学習（SEL-8S）の導入と実践．ミネルヴァ書房

小泉令三（2017）．スクール・コンプライアンス．小泉令三・山田洋平・大坪保直（著）．教師のための社会性と情動の学習（SEL-8T）──人との豊かなかかわりを築く 14 のテーマ．ミネルヴァ書房，pp. 147-158.

小泉令三（2020）．公立 A 中学校の 4 年間にわたる社会性と情動の学習「SEL-8S プログラム」の実践──アンカーポイント植え込み法の観点からの検討．福岡教育大学紀要，**69**（6），53-60.

小泉令三・山田洋平（2011a）．子どもの人間関係能力を育てる SEL-8S ②──社会性と情動の学習（SEL-8S）の進め方　小学校編．ミネルヴァ書房

小泉令三・山田洋平（2011b）．子どもの人間関係能力を育てる SEL-8S ③──社会性と情動の学習（SEL-8S）の進め方　中学校編．ミネルヴァ書房

国分康孝（編）（1992）．構成的グループ・エンカウンター．誠信書房

国分康孝（監修）小林正幸・相川充（編）（1999）．ソーシャルスキル教育で子どもが変わる──小学校　楽しく身につく学級生活の基礎・基本．図書文化社

竹中晃二（編著）（1997）．子どものためのストレス・マネジメント教育──対症療法から予防措置への転換．北大路書房

WHO（編）JKYB 研究会（訳）（1997）．WHO ライフスキル教育プログラム．大修館書店

中野武房・森川澄男・高野利雄・栗原慎二・菱田準子・春日井敏之（編著）（2008）．ピア・サポート実践ガイドブック──Q & A によるピア・サポートプログラムのすべて．ほんの森出版

平木典子（2009）．アサーション・トレーニング──さわやかな〈自己表現〉のために．日本・精神技術研究所

本田恵子（2002）．キレやすい子の理解と対応──学校でのアンガーマネージメント・プログラム．ほんの森出版

文部科学省（2010）．生徒指導提要

文部科学省（2022）．生徒指導提要（改訂版）
https://www.mext.go.jp/content/20230220-mxt_jidou01-000024699-201-1.pdf（2024 年 10 月 10 日閲覧）

Collaborative for Academic, Social, and Emotional Learning（a）. "Fundamentals of SEL".
https://casel.org/fundamentals-of-sel/（2023 年 10 月 10 日閲覧）

Collaborative for Academic, Social, and Emotional Learning（b）. "What is the CASEL framework?".
https://casel.org/fundamentals-of-sel/what-is-the-casel-framework/（2024 年 8 月 10 日閲覧）

Durlak, J. A., Weissberg, R. P., Dymnicki, A. B., Taylor, R. D. & Schellinger, K. B.（2011）. The impact of enhancing students' social and emotional learning: a Meta-analysis of school-based universal interventions. *Child Development, 82*, pp. 405-432. doi: 10.1111/j.1467-8624.2010.01564.x

OECD（2015）. *Skills for Social Progress: The Power of Social and Emotional Skills.*

Takizawa, Y., Bambling, M., Matsumoto, Y., Ishimoto, Y. & Edirippulige, S.（2023）. Effectiveness of universal school-based social-emotional learning programs in promoting social-emotional skills, attitudes towards self and others, positive social behaviors, and improving emotional and conduct problems among Japanese children: a meta-analytic review. *Frontiers in Education*, **8**:1228269. doi.org: ID.3389/feduc.2023.1228269

第 5 章

学級づくりに必要な学級担任の
力とは何か？
―― 学級づくりにおける教師の役割

≪≪≪　学習のポイント　≫≫≫

- 学級適応について理解する。
- 学級適応をアセスメントする方法について理解する。
- 学級づくりにおいて教師が具備すべきことを理解する。
- 学級における子どもの関係について理解する。

＊＊＊＊＊＊＊
Question

　学級担任になると，４月から学級を指導していくことになる。学級という場所は児童生徒にとって学習の場であるとともに生活の場であり，学校生活の基盤をなすものである。したがって，学級担任の果たす役割は重要である。

　学級づくりとは，各々の児童生徒が学級の中でよりよい生活を送り，集団生活を通して，個性の伸長がはかられるとともに，社会性や道徳性の発達が促されるように，教師が学級をマネジメントしていくことである。学級づくりのひとつに，学級目標を立てることがある。小学生や中学生のときにどんな学級目標があったか，いくつか思い出して挙げてみよう。学級担任はそれに基づいてどのような指導をしていただろうか。

1．学級適応

（1）学級の特徴

　学級という言葉は，教室と同じように物理的な場所の意味として用いられることや，所属集団の意味で用いられることがある。物理的な場所という意味では，学級は児童生徒が学校生活において大半の時間を過ごす生活空間である。国語・算数といった教科や，総合的な学習の時間・外国語活動といった教科以外の活動が行われる学習の場所であるほか，生活指導・生徒指導・進路指導が行われたり，給食や弁当を食べる場所であったり，出欠確認や諸連絡をする事務的な場所であったりする。

　また，所属集団の意味では，学級が編制された新学年の当初は，児童生徒個々の成員間において心理的・情緒的な結びつきが弱く，「自分」が所属している集団でしかないが，集団での活動を通して，次第に学級への愛着やわれわれ感情が芽生えてくると，「自分たち」が所属している集団という意識をもつようになる。次第に，児童生徒にとって態度や行動の拠り所となる準拠集団へと変わっていく。

第 5 章　学級づくりに必要な学級担任の力とは何か？

　学級は児童生徒にとって学習や生活等学校生活の基盤となるものであり，級友との関係や学級との関わりは学校生活に大きな影響を与えるものである。学級担任は，児童生徒が学級に適応できるように，よりよい人間関係を築かせ，各教科等の学習やさまざまな活動の効果を高めることができるように，個別指導や集団指導を工夫することが求められる。

（2）学級開き

　教育現場には「学級開き」という言葉がある。プール開きのように，その年度において「学級がはじまること」を意味している。学級開きの定義ははっきりしておらず，新学期がはじまる初日を指すこともあれば，はじまってからしばらくの期間を指すこともある。学級担任は，学校・学年・学級の特性を踏まえて学級経営案を立てるが，その年間指導計画の中でも，特に 4 月の学級開きは重要である。この時期の体験が年間を通した学習集団・生活集団・生徒指導の実践集団の基盤となるからである。

　学級開きでは，学級目標を立てたり，学級の指導方針を児童生徒に話したり，学級のきまり・ルールや係活動・当番を決めたり，特別な配慮を要する子どもの確認をしたり，子どもとの関係を築いたりする。学級目標を立てることは，学級規範を醸成するのに効果的である。規範とは，集団において個人が同調することを期待されている行動や判断の基準，準拠枠のことであり，何が望ましくて何が望ましくないかを明確にする。児童生徒が規範意識を身につけることで，児童生徒にとって学級が安全・安心な居場所になっていく。例えば，みんななかよし○○学級という目標では，仲良くすることが期待され，そのような行動が望ましいとみなされる。一方で，仲間はずれは望ましくないという判断基準が生まれ，いじめを抑制することにもなる。

（3）学級適応

　適応には，生活環境に対して生物の形態や機能が適合しているという意味がある。学級適応とは，すなわち，児童生徒が学級という生活環境に対して適合

しているという意味である。進級して学級が変わると，学級担任が変わったり，級友が変わったり，使用する教室が変わったりする。さらに，それに伴って学級目標やきまり・ルールが変わることもある。適合するには，ある程度の時間が必要であり，すぐに学級に馴染める子もいれば，1，2か月経って，ようやく馴染めるようになる子もいる。年度途中で転校してきた児童生徒は，既に形成されている学級の人間関係や学級風土・学級雰囲気に対して適合していくよう調整がはかられることになる。人は根本的な動機として社会的に受容されたいという所属欲求をもっており（Baumeister & Leary, 1995），学校生活の中では級友から受容されたいという欲求が存在する。

　児童生徒が学級に適応していると感じている程度を学級適応感という。児童の学級適応感には教師との関係，級友との関係，学習への意欲，学校への関心の4つが関係していることが示されている（浜名・松本，1993）。また，学校適応感は具体的に，居心地のよさの感覚，被信頼・受容感，充実感の3つから捉えることができるとされている（江村・大久保，2012）。被侵害と承認の2軸から構成される学級満足度として学級適応を捉える考え方もある（河村・田上，1997）。被侵害とは児童が級友から暴力や耐えられない悪ふざけを受けたり，無視等をされたりといった侵害行為がみられるかどうかであり，承認とは教師や級友からの受容や承認がみられるかどうかである。また，学級に居場所があるという感覚，すなわち居場所感をもつことは，学級適応感があるということもできる（石本，2010a）。居場所感とは，他者と一緒にいる中で「ありのままでいられる」「役に立っていると思える」感覚（石本，2010b）をもてることである。

　学級適応感を高めるために，教師にできることは何があるだろうか。児童生徒が学校生活で必要とされるソーシャル・スキルが高いほど，学校適応感が高いことが示されている（河村，2003）。ソーシャル・スキルとは，主に対人場面において相手に適切にかつ効果的に反応するための技術のことである。河村（2003）では，友人の気分を害さないように配慮をしたり既存の関係を維持したりする「配慮のスキル」と，自分から新たな人間関係を形成したり深めたりする等の「かかわりのスキル」の2つに関してみている。いずれもスキルが高い

ほど，被侵害が低く，承認が高いことが示されている。級友との関係を良好な
ものにするために，ソーシャル・スキルを高めるためのソーシャル・スキル・
トレーニングを実施することも考えられる。

　身近な話題に関する自己開示を行うショートエクササイズを取り入れた構成
的グループ・エンカウンターの継続的な実施が，多くの生徒の承認を高め，被
侵害を低くすることが示されている（小野寺・河村，2005）。構成的グループ・
エンカウンターとは，感じたままを話し合い，その中で自己や他者との新たな
出会いや理解の深まりを体験し，自己成長を目指そうとするグループ活動のこ
とである。ファシリテーターが進行し，グループにおける活動の手順や条件が
構造化されている。構成的グループ・エンカウンターには，人間関係づくりや
社会性の向上といった向社会性を形成するための活動等がある。

　学級において強調され，共有されている目標構造を学級の社会的目標構造と
いう（大谷ほか，2016）。社会的目標構造には，相手の気持ちを考えることを大
事にしよう，困っている人に声をかけてあげよう，といった思いやりや互恵性
に関する目標の向社会的目標構造と，授業中はまわりのことを考えてしずかに
しよう，といった規則や秩序を守るという目標の規範遵守目標構造とがある。
向社会的目標構造と規範遵守目標構造を学級につくる指導も学級適応感を高め
るのに有効であることが示されている（吉田ほか，2022）。

2．学級適応のアセスメント

(1) 学級適応のアセスメント

　学級担任をもつことが決まると，前年度の担任・学年から引き継ぎ事項を確
認することになる。いじめの問題や不登校の課題を抱えている子どもはいない
か，特別な配慮を要する子どもはいないか，食物アレルギー対応が必要な子ど
もはいないか，等の情報を収集し，新年度がはじまった途端に問題が生じない
ように注意をしなければならない。

　子どもたちが新しい学級で適応できているかどうかをアセスメントする方法

には，教師による観察，質問票を用いた調査，面談等がある。教師による観察では，授業中における学習態度やペアあるいはグループ学習における他者との関わり，休み時間における交友関係，心身の健康状態等が対象となる。学級適応については，教師との関係，級友との関係，学習への意欲，学校への関心が関連していることから（浜名・松本，1993），これらの視点についてみていくことが大切である。

　教師との関係においては，教師と遊んだり，話しているときにつまらなそうな表情をしていたり，不快感を示していたりしていないか，注意や叱責を行ったときに，あからさまな反発をしていないか等を観察することができる。学級担任との関係に悩みをもっている児童生徒については，担任に直接話しにくいことを理解しておく必要がある。児童生徒がスクールカウンセラーやほかの教員に相談できるような体制を整えておくとよい。

　級友との関係では，休み時間に一人でつまらなそうに過ごしていないか，困っているときにまわりの子が助けてくれることがあるか等を観察することができる。また，いじめの確認として，授業中や休み時間に，「冷やかしやからかい，悪口や脅し文句，嫌なことを言われ」たり，「軽くぶつかられたり，遊ぶふりをして叩かれたり，蹴られ」たり，「仲間はずれ，集団による無視をされ」たり（文部科学省，2023）していないかを観察することも大切である。

　学習への意欲では，授業中にわからないことがあっても質問をしない，発表できる力があるにもかかわらずしない，机に突っ伏していて授業に参加しようとしない等，授業への積極性を観察することができる。ペア学習やグループ学習における級友との相互作用において消極的である場合には，学習意欲が低いか級友との関係に問題がある可能性も考えられる。

　学校への関心では，学校にいるときに早く家に帰りたいと言っていないか，毎週月曜日につまらなそうにしていないか等を観察することができる。登校することをしぶるような言動がみられるかを保護者に確認するのもひとつの方法である。

　小学校低学年等年齢が低い子どもは，心身が未分化であり，心の状態が身体

に表れることもある。例えば、学級不適応であるにもかかわらず、一方で欠席してはいけないという気持ちもあって、無理に登校しようとすると、腹痛等身体の反応で表れることもあるので、日頃の健康観察においても子どもの状態をしっかり見ておく必要がある。

　観察によるアセスメントは簡便であるが、児童生徒が感じていることまで調べることは難しいため、より深く理解しようとするならば、質問票や面談、あるいはこれらを組み合わせて実施するとよい。質問票には、例えば hyper-QU（hyper-Questionnaire Utilities；図書文化）やアセス（ASSESS：Adaptation Scale for School Environments on Six Spheres；学校教育開発研究所）がある。質問票を用いた調査を行い、結果に基づいて面談の機会をもつことも考えられる。

(2) アセスメントを踏まえた学級づくり

　学級づくりとは、各々の児童生徒が学級の中でよりよい生活を送り、集団生活を通して、個性の伸長がはかられるとともに、社会性や道徳性の発達が促されるように、教師が学級をマネジメントしていくことである。そのため、学級づくりには、発達支持的生徒指導や課題未然防止教育を含んだ生徒指導の側面がある。

　学級づくりには、PDCA サイクルの考え方を取り入れることが可能である。PDCA サイクルとは、第2章2.でも述べたように、計画し（Plan）、実行し（Do）、評価し（Check）、改善する（Action）という一連のサイクルのことである。アセスメントは「評価（Check）」の段階であり、アセスメント結果をもとに、目標の修正を行ったり、指導の改善をはかったりする。

　hyper-QU を用いた学級づくりを例に挙げてみよう。hyper-QU では、被侵害と承認を2軸として児童生徒を5つの群に類型化することができる。5つの群とは、被侵害得点が低く承認得点が高い「学級生活満足群」、被侵害得点が低く承認得点も低い「非承認群」、被侵害得点が高く承認得点も高い「侵害行為認知群」、被侵害得点が高く承認得点が低い「学級生活不満足群」、さらに学級生活不満足群の中でも被侵害得点が高く承認得点が低い「要支援群」である（図5-1）。

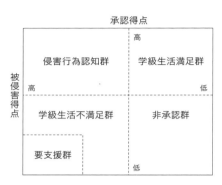

図 5-1　hyper-QU による児童生徒の類型化
出所：河村（2006）をもとに作成。

　hyper-QU の結果からは，各々の児童生徒がどの群に分類されるか，学級全体としての群の分布も知ることができる。

　「なかよし学級」を目標に掲げ，「学級生活満足群」に学級の 8 割が入ることを具体的な数値目標としていたところ，6 割しか「学級生活満足群」に入っておらず，2 割は「侵害行為認知群」，残りの 2 割は「非承認群」であったとする。「学級生活満足度群」を増やしていくためには，「侵害行為認知群」に該当した子どもに対する暴力や悪ふざけをやめさせ，また「非承認群」の承認欲求が満たされるように指導する必要がある。いじめを生まない学級づくりや，教師や級友から認められるような教育実践を計画・実行し，これまで行ってきた教育活動の改善をはかっていくことが必要である。一定期間をおいて再度 hyper-QU を実施して，取り組んだ教育実践が効果的であったかどうかをアセスメントする。アセスメントを行うことによって，児童生徒や学級の状態を把握でき，課題を明確にすることができるので，学級づくりの方針を立てることが可能になる。

3. 学級づくりにおいて教師が具備すべきこと

(1) 教師のリーダーシップ

　学級担任は，学級の児童生徒をまとめていくリーダーである。しかし，同じリーダーであっても，教師によってリーダーシップを発揮できる程度は異なる。リーダーシップを発揮できない学級担任の下では，生徒指導上の諸問題が生じたり，学級適応感が低くなったり，学習意欲が低かったりする。

　三隅（1964）は，リーダーシップを2つの機能によって分類するPM理論を提唱した。2つの機能とは，集団目標を形成し達成することを含む課題遂行機能（P機能）と，集団の社会的安定を保つことを含む集団維持機能（M機能）である。それぞれの機能の高低からリーダーシップはPM型，P（m）型，（p）M型，pm型に分類される。大文字は機能が大きいことを表し，小文字は小さいことを意味している。PM型のリーダーシップを発揮する学級担任のクラスの学級連帯感や学習意欲が最も高いことが示されている（三隅ほか，1977）。

　日本の学級は，鍋蓋型や学級王国という言葉で形容されるように，内向きで閉じられた環境であった。しかし，現在はチーム学校が提唱されているように，問題が生じたときは，学級担任だけが解決にあたるのではなく，学校・地域・関連する機関が協働で対応していくことが求められている。児童生徒や職務上のことで困っているときに，多くの同僚が応援してくれているという雰囲気がある学校では，困った教師は援助を求めようとする動機が高く，援助を求めようとすることが示されている（酒井・窪田，2019）。学級担任が援助を求めやすい学校の協働的な組織風土をつくっていくことも大切である。

(2) 教師と子どもの信頼関係

　教師と子どもの関係性は，生徒指導の過程や教科等の教授過程における基盤となり，人格形成や学級適応に影響を及ぼすものである。教師に対する信頼感があってこそ，子どもたちはその指導を受け入れようとする。

中学生の教師に対する信頼感を調べたところ，「安心感」，「不信」，「正当性」という3つの側面があることが明らかにされている（中井・庄司，2006）。「安心感」とは，不安や困難を感じているときに，教師と話すことで，不安が低減されたり，勇気が出たりすると感じることである。「不信」とは，教師が間違っていても自分の非を認めなかったり，言うことをころころ変えるような一貫性のなさを感じたりすることである。「正当性」とは，真面目で正義感があり，教師としての威厳をもっていると感じることである。「安心感」や「正当性」には，教師によるソーシャル・サポートが要因となっていること，「不信」には保護者の信頼感等が影響することが明らかになっている。児童生徒への支援や保護者との関係性が，児童生徒からの信頼感の形成にとって重要である。

4．学級における子どもの関係

(1) フォーマル集団とインフォーマル集団

学級には，フォーマル集団とインフォーマル集団が内包されている。フォーマル集団は公式集団，インフォーマル集団は非公式集団とも呼ばれるもので，集団類型化の分け方のひとつである。フォーマル集団とは，成員の職務・責任・権限等が定められている集団のことである。各地位に成員が配置され，その役職を担う。学級には，学級での生活をともに楽しく豊かにするために，児童生徒が創意工夫して自主的・実践的に取り組む係活動や，学級での生活を円滑に行っていくために，学級の仕事を全員で分担する当番活動があるが，これらはフォーマル集団である。一方で，インフォーマル集団とは成員の好意に基づいて形成される自然発生的な集団のことである。集団に構造がないため，特定の地位が存在しない。同じ趣味をもつもの同士や親密性を介した者同士が集まって，休み時間にスポーツ等を楽しむ友だちグループが形成されることがあるが，これらはインフォーマル集団である。

インフォーマル集団には，係活動のような役割としての地位はないものの，人気に基づいた地位がある。人気に基づいた地位とは，級友から好意をもたれ

ている人数によって計測されるものである。また，友だちグループ同士の地位（集団間地位）や友だちグループ内にも地位（集団内地位）がある。友だちグループによる集団間地位格差によって階層が形成された状態は「スクールカースト」と呼ばれている（水野・太田，2017）。これは，インドのカースト制度のように，友だちグループ間の関係性に地位の変動性が低い階層関係が生まれている現象のことである。

(2) 対人葛藤

　子どもたちは学級の中で集団生活を営む。その中には，自分と意見や考えが異なる他者もおり，対人葛藤を経験することがある。対人葛藤とは，人々の間で利害や意見の対立・不一致が生じ，個人の目標が他者によって妨害され，いがみあうことである。対人葛藤が生じることは，一般にネガティブに捉えられるが，一方で経験した対人葛藤を解決していくことで，子どもたちが成長する機会にもなる。学級で生じる対人葛藤状況はさまざまであるが（黒川・古川，2000），ここでは目標の設定についてみていく。

　目標の設定には，異なる目標の統一義務，重複した目標の拡散義務，負の価値をもつ目標の設定義務がある。異なる目標の統一義務とは，例えば学校行事における合唱コンクールの曲を決めるときに生じる。個々人の歌いたい曲は異なっていても，学級で1つ曲を決めなければならないときに生じる対人葛藤である。個々人の異なる目標を統一しなければならない。重複した目標の拡散義務とは，例えば学級の係を決めるときに生じる。「おたのしみ係」は2名と決まっているにもかかわらず，それを希望する子どもが3名以上いたときに生じる対人葛藤である。個々人の重複した目標を設定し直さなければならない。負の価値をもつ目標の設定義務は，学級委員長を決めるとき等に生じる。誰も希望していない学級委員長を誰かがやらなければならないときに生じる対人葛藤である。誰も望んでいない（負の価値をもっている）目標を誰かが設定しなければならない。

　対人葛藤処理においては，自己主張的と協力的の2次元から5つの異なった

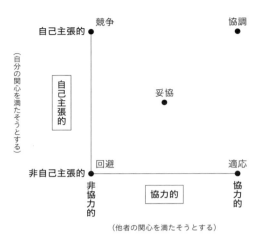

図 5-2　2 重関心モデルによる葛藤対処の 2 次元分類
出所：Thomas（1992）をもとに作成。

アプローチがされる（Thomas, 1992：図 5-2）。自己主張的であり協力的である協調，自己主張的であり非協力的な競争，非自己主張的であり協力的な適応，非自己主張的であり非協力的な回避，自己主張的・協力的が中程度である妥協である。学級において対人葛藤が発生したときには，話し合いを行い，双方が協調して解決していけるように指導していくことが望ましい。

　対人葛藤の解決のための話し合いは学級活動で行うとよい。学級活動は学級や学校での生活をよりよくするための課題を見いだし，解決するために話し合いを行う時間である。学級活動における自発的・自治的な活動を通して，児童生徒自身が学級や学校生活，人間関係をよりよいものにするために，話し合い，協力して実践することを通じて，お互いを尊重し合う温かい風土が醸成される。

第 5 章　学級づくりに必要な学級担任の力とは何か？

> 　子どもが変われば，学級は変わる。学級担任が変わっても，学級は変わる。子どもと学級担任の関係性によっても学級は変わる。以前担任した学級ではうまくいった学級づくりがうまくいかないこともある。
> 　今まさに教壇から見える子どもたちの学級をつくっていくためには，その子どもたちと向き合い，彼らを理解していかなければならない。そして，その子どもたちにとって望ましい学級とは何かについて考えた上で，学級をつくっていく必要がある。学級づくりに必要な教師の力とは何だろうか。考え続けてほしい。

引用文献

石本雄真（2010a）．青年期の居場所感が心理的適応，学校適応に与える影響．発達心理学研究，**21**（3），278-286．

石本雄真（2010b）．こころの居場所としての個人的居場所と社会的居場所．カウンセリング研究，**43**（1），72-78．

江村早紀・大久保智生（2012）．小学校における児童の学級への適応感と学校生活との関連——小学生用学級適応感尺度の作成と学級別の検討．発達心理学研究，**23**（3），241-251．

大谷和大・岡田涼・中谷素之・伊藤崇達（2016）．学級における社会的目標構造と学習動機づけの関連——友人との相互学習を媒介したモデルの検討．教育心理学研究，**64**（4），477-491．

小野寺正己・河村茂雄（2005）．ショートエクササイズによる継続的な構成的グループ・エンカウンターが学級適応に与える影響．カウンセリング研究，**38**（1），33-43．

河村茂雄（2003）．学級適応とソーシャル・スキルとの関係の検討．カウンセリング研究，**36**（2），121-128．

河村茂雄（2006）．学級づくりのための Q-U 入門——「楽しい学校生活を送るためのアンケート」活用ガイド．図書文化

河村茂雄・田上不二夫（1997）．いじめ被害・学級不適応児童発見尺度の作成．カウンセリング研究，**30**（2），112-120．

黒川光流・古川久敬（2000）．学級集団における対人葛藤に関する研究の概括と展望．九州大学心理学研究，**1**，51-66．

酒井麻紀子・窪田由紀（2019）．小学校教師の職場における援助要請に関連する要因の検討．教育心理学研究，**67**（4），236-251．

中井大介・庄司一子（2006）．中学生の教師に対する信頼感とその規定要因．教育心理学研究，**54**（4），453-463．

浜名外喜男・松本昌弘（1993）．学級における教師行動の変化が児童の学級適応に与える影響．実験社会心理学研究，**33**（2），101-110．

水野君平・太田正義（2017）．中学生のスクールカーストと学校適応の関連．教育心理学研究，**65**（4），501-511．

三隅二不二（1964）．教育と産業におけるリーダーシップの構造──機能に関する研究．教育心理学年報，**4**，83-107.

三隅二不二・吉崎静夫・篠原しのぶ（1977）．教師のリーダーシップ行動測定尺度の作成とその妥当性の研究．教育心理学研究，**25**（3），157-166.

文部科学省（2023）．「令和4年度　児童生徒の問題行動・不登校等生徒指導上の諸課題に関する調査結果について」
https://www.mext.go.jp/content/20231004-mxt_jidou01-100002753_1.pdf（2023年10月11日閲覧）

吉田琢哉・吉澤寛之・浅野良輔・玉井颯一（2022）．教員の認知する地域連携におけるチームワークと学習動機づけおよび学級適応感との関連．心理学研究，**93**（4），300-310.

Baumeister, R. F. & Leary, M. R.（1995）. The need to belong: Desire for interpersonal attachments as a fundamental human motivation. *Psychological Bulletin*, **117**（3），497-529.

Thomas, K. W.（1992）. Conflict and Conflict Management: Reflections and Update. *Journal of Organizational Behavior*, **13**（3），265-274.

第6章

いじめをなくすことはできるのか？
—— いじめの現状と対応

<<< **学習のポイント** >>>

- ✔ いじめの認知件数の現状について理解する。
- ✔ いじめ防止対策推進法を理解する。
- ✔ いじめの未然防止教育や早期発見対応の具体的方法を理解する。
- ✔ いじめの重大事態について説明できる。
- ✔ いじめの解消とはどのような状態かを説明できる。

さて，あなたが担任教師であったとする。休み時間が終わって職員室から戻ると，教室内の様子がいつもと違って興奮気味であった。学級委員から事情を聞くと，休み時間にAさんがBさんに対してBさんが傷つくような発言をしたため，もめていたと報告を受けた。まわりがすぐに制止したので，AさんはBさんに謝ったそうである。BさんもAさんが謝ったので許すと言っていたということである。あなたならば，この後どのような対応をとるか。また，どのような指導・教育を行うか。

1. いじめとは

(1) いじめの定義の変遷

　いじめは，被害者と加害者の力関係が不均衡にある状態で，加害者に被害者を傷つけようとする意図があって，傷つけようとする行為が繰り返し行われていること（Olweus, 1993）とされてきた。しかし，現在の国内におけるいじめの捉え方はこれとは異なっている。

　現在の国内におけるいじめの捉え方は，2013年6月に成立し，同年9月に施行されたいじめ防止対策推進法に基づいている。いじめ防止対策推進法第2条では，「この法律において『いじめ』とは，児童等に対して，当該児童等が在籍する学校に在籍している等当該児童等と一定の人的関係にある他の児童等が行う心理的又は物理的な影響を与える行為（インターネットを通じて行われるものを含む。）であって，当該行為の対象となった児童等が心身の苦痛を感じているものをいう」といじめを定義している。そして，第3項において「『児童等』とは，学校に在籍する児童又は生徒をいう」と定めている。

　現在の国内におけるいじめの捉え方は，被害者が心身の苦痛を感じる行為を端的に指していて，被害者と加害者の力関係の不均衡，被害者を傷つけようと

表 6-1　いじめの定義の変遷の要点

1993 年度まで	・加害者目線でつくられている。 ・加害者と被害者のパワーバランスが含まれている。 ・加害行為の継続性が含まれている。 ・学校としてその事実を確認していることが含まれている。
1994 年度から 2005 年度まで	・1993 年度までの定義から，学校としてその事実を確認していることが要件から外されている。
2006 年度から 2012 年度まで	・被害者目線でつくられている。 ・加害者と被害者のパワーバランスや加害行為の継続性が含まれていない。
2013 年度以降	・いじめ防止対策推進法を踏まえている。 ・加害行為にインターネットを通じて行われるものが含まれている。

出所：文部科学省（2023）をもとに筆者作成。

する意図，繰り返し行われていること，の 3 つの要件は含まれていない。力関係が均衡であるけんかであっても，傷つけようとする意図がない行為であっても，1 度だけの行為であっても，いじめとして認知することになっている。

文部科学省は「児童生徒の問題行動・不登校等生徒指導上の諸課題に関する調査（2015 年度までは『児童生徒の問題行動等生徒指導上の諸問題に関する調査』として実施）」において，毎年度いじめの調査を行っている。この調査におけるいじめの捉え方については，表 6-1 のように変わってきている。

いじめの定義の変遷から，現在のいじめは，被害者の心身の苦痛の訴えを優先し，加害者の意図や内容の事実確認をもってしていじめと認知するものではないことが理解できる。この定義には，被害者の訴えにまず耳を傾けるべきであるという種々のハラスメントへの対応と通じる考え方が含まれている。

(2) いじめの実態

文部科学省は「児童生徒の問題行動・不登校等生徒指導上の諸課題に関する調査」において毎年度いじめの認知件数を調査している。ここでは，2022 年度（文部科学省，2023）の統計をみていく[*1]。いじめ防止対策推進法が施行された

[*1] 最新の調査結果については，次の「児童生徒の問題行動・不登校等生徒指導上の諸課題に関する調査」を確認してほしい。

2013年度以降，いじめの認知件数は増加傾向にあり，小学校，中学校，高等学校，特別支援学校を合わせると60万件を超す数が報告されている。いじめを認知した学校の割合は，全学校数のおよそ8割にあたる。どの学校でもいじめが起きる可能性があると認識する必要があるだろう。

いじめの態様としては，「冷やかしやからかい，悪口や脅し文句，嫌なことを言われる」（60％程度），「軽くぶつかられたり，遊ぶふりをして叩かれたり，蹴られたりする」（20％程度），「仲間はずれ，集団による無視をされる」（15％程度）が多い。ほかには，「嫌なことや恥ずかしいこと，危険なことをされたり，させられたりする」「ひどくぶつかられたり，叩かれたり，蹴られたりする」「金品を隠されたり，盗まれたり，壊されたり，捨てられたりする」「パソコンや携帯電話等で，ひぼう・中傷や嫌なことをされる」「金品をたかられる」等の態様がある。

「嫌なことや恥ずかしいこと，危険なことをされたり，させられたりする」については，「被害者に対し，性的な手段方法をもってなされる」性的いじめ（井口，2013）も含まれる。深刻な性的いじめほど教員からは見えにくい可能性があり（葛西・吉田，2017），被害者も羞恥心から打ち明けにくい（武田，2013）。「金品を隠されたり，盗まれたり，壊されたり，捨てられたりする」「金品をたかられる」については，財産に重大な被害が生じる可能性もあり，いじめの重大事態にもなりやすい。

「パソコンや携帯電話等で，ひぼう・中傷や嫌なことをされる」については，ネットいじめと呼ばれている。いじめ全体に占めるネットいじめの割合について校種ごとにみると，高校生が高く，次いで中学生，小学生の順となっている。学年が上がるほど，スマートフォン等の情報端末を使用する機会が増え，いじめの手段としてこれらの端末を使うことも増えていくと考えられる。

＊2　小学校，中学校，高等学校，特別支援学校の合計による。複数回答可の調査結果であるため，合計が100％を超える。

第 6 章　いじめをなくすことはできるのか？

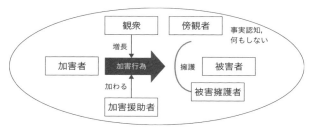

図 6-1　いじめの構造

出所：著者作成。

(3) いじめの構造

　いじめが起きた際には加害者，被害者だけではなく，いじめを取り巻く人がいる場合がある。いじめを取り巻く人の中で，いじめをはやしたてる行為をする人を観衆，いじめの事実を知りながらも助けようとしないで黙認している人を傍観者と呼んでいる。森田・清永（1986）は，被害者を中心に，加害者，加害者を積極的に是認する観衆，加害者を消極的に是認する傍観者が重層的になっていることを「いじめの四層構造」と呼んでいる。サルミバッリほか（Salmivalli et al., 1996）も，いじめ加害者，被害者のほか，加害援助者，観衆，被害擁護者，無関係を装う傍観者の役割があると指摘している。これらをまとめると図 6-1 のようにいじめの構造を捉えることができる。

2．いじめ防止のための方針と組織

(1) いじめ防止基本方針

　いじめ防止対策推進法第 11 条には，「文部科学大臣は，関係行政機関の長と連携協力して，いじめの防止等のための対策を総合的かつ効果的に推進するための基本的な方針（以下「いじめ防止基本方針」という。）を定めるものとする。」と定められている。これを踏まえて，2013 年に国は「いじめの防止等のための基本的な方針」を策定し，2017 年には基本方針の改定を行っている[*3]。この中で，

いじめはすべての児童生徒に関係する問題であるとされ，すべての児童生徒が安心して学校生活を送り，さまざまな活動に取り組むことができるよう，学校の内外を問わずいじめの防止等の対策に取り組まなければならないことが示されている。いじめ防止対策推進法第13条では，「学校は，いじめ防止基本方針又は地方いじめ防止基本方針を参酌し，その学校の実情に応じ，当該学校におけるいじめの防止等のための対策に関する基本的な方針を定めるものとする」と定められている。学校は国または地方自治体の定めに基づいて学校いじめ防止基本方針を定めなければならない。

学校いじめ防止基本方針については，学校のホームページ等に掲載するとともに，保護者や地域の人に広く理解が得られるように周知徹底をはかる必要がある。具体的には，児童生徒が入学した際に保護者へ説明することや，進級時の年度初めに再度確認を行うことが望ましい。いじめそのものの理解や学校におけるいじめの対応について，保護者や地域の人に理解しておいてもらうことは，いじめ防止に協力して取り組んでもらうことにも，いじめが起きてしまったときの対応においても重要である。

(2) いじめ防止等に関わる組織

いじめ防止対策推進法第22条では，「学校は，当該学校におけるいじめの防止等に関する措置を実効的に行うため，当該学校の複数の教職員，心理，福祉等に関する専門的な知識を有する者その他の関係者により構成されるいじめの防止等の対策のための組織を置くものとする」と定められている。名称は学校によって異なるが，「いじめ防止対策委員会」等の呼び方をされている。委員会をつくることで，特定の教員が問題を抱え込んだり，対応したりするのではなく，学校がいじめに対して組織的に対応することが可能になる。校長のリーダーシップのもと，生徒指導主事を中心として，学年主任，養護教諭，教育相

＊3 「いじめの防止等のための基本的な方針」の改定及び「いじめの重大事態の調査に関するガイドライン」の策定について（通知）

談コーディネーター，特別支援教育コーディネーター等が加わることが望ましい。また，心理の専門家であるスクールカウンセラーや福祉の専門家であるスクールソーシャルワーカーが参加することにより，いじめの背景にある心理的課題や家庭の問題に対して，実効力のある対応が期待できる。主な活動としては，いじめの未然防止のための活動，実態把握のためのアンケート調査の実施，いじめが疑われる情報やいじめに係る情報の共有と記録，いじめに係る事案の聴き取り調査，いじめ被害者に対する支援や加害者に対する指導の方針の決定，いじめに関する校内研修の実施等が挙げられる。いじめの重大事態の調査を学校が主体となって行う場合には，調査組織の中核にもなる。

3. いじめ対応の重層的支援構造

(1) 発達支持的生徒指導

　発達支持的生徒指導は，いじめという問題を意識することなく，すべての児童生徒を対象に行われるものである。いじめに関する発達支持的生徒指導としては，人権意識を高めることや市民性をもたせることがある（文部科学省, 2022）。自分の人権が守られることを理解することは，被害に遭ったときに，守られる権利があると理解することであり，被害を訴えるという意識をもてると考えられる。他者の人権を尊重することは他者を侵害する行為を抑制できると考えられる。いじめに関係する法律の理解も抑止力となる。いじめの内容や程度によっては刑法に触れるおそれもある。社会の構成員として法令遵守の精神を養っていくことは重要である。

　援助要請スキルを身につけることも挙げられる。自分では解決が困難な問題に直面したときに，助けを求められるスキルがあることによって，解決できることもある。援助要請スキルがあることによって，いじめの被害に遭ったときや，いじめを目撃したときに，教師，友だち，家族，自治体の相談機関に助けを求めたり，相談に乗ってもらったりすることができるようになる。

（2）課題未然防止教育

　課題未然防止教育は，いじめの未然防止をねらいとした意図的・組織的・系統的な教育であり，すべての児童生徒を対象に行われる。いじめに関する課題未然防止教育としては，道徳科の授業や学級活動／ホームルーム活動における教育が挙げられる（文部科学省，2022）。

　まず，いじめについて正しい理解をすることが大切である。いじめ防止対策推進法による定義や文部科学省による定義を説明するのではなく，子どもたち目線でいじめとはどのようなことを指すか共通理解をはかるとよい。学校や学級では，いじめに対して否定的な規範を醸成することが大切である。児童会や生徒会を中心に，ポスターや標語の作成等に主体的に取り組ませ，いじめはやってはいけないことであるという雰囲気をつくっていくことが大切である。

　いじめの加害動機には①心理的ストレスの解消，②異質性排除，③ねたみや嫉妬，④享楽，⑤金銭等を得たいという意識，⑥いじめの被害者となることへの回避，⑦こらしめ，がある（黒川，2022；文部科学省，2022）。加害行為を未然に防ぐためには，これらの動機をもたせないようにする教育も考えられる。例えば，心理的ストレスでいじめを行ってしまう子どもには，ストレスマネジメント教育が有効であろう。学校には，発達障害をもつ子どもや，性的マイノリティとされる LGBTQ+（Lesbian, Gay, Bisexual, Transgender, Queer/Questioning およびほかのセクシュアリティを含む：第9章4.参照），外国をルーツにもつ子ども等多様な子どもがいる。多様性を認められるようになることで，異質なものを排除しようとする動機に基づくいじめを抑制できると考えられる。

　一方で，いじめの被害者にならないようにするためには，「ストレスフルな出来事を経験したり，困難な状況にさらされていても精神的健康や適応行動を維持する，あるいはネガティブな心理状態に陥ったり心的外傷を受けたりしても回復する能力や心理的特性」とされるレジリエンス（小塩ほか，2002）を高める教育を行ったり，嫌なことをされたときにきちんと主張できるアサーションスキル等を身につけることが考えられる。

また，傍観者については，加害行為がみられたときに，被害者を助けるスキルを身につけることが考えられる。Social and Emotional Learning（SEL：詳細は第4章参照）の問題解決スキルの習得によって，いじめの停止行動に対する自己効力感を高めることができる（木村・小泉，2020）。

（3）課題早期発見対応

いじめ防止対策推進法第16条では，「学校の設置者及びその設置する学校は，当該学校におけるいじめを早期に発見するため，当該学校に在籍する児童等に対する定期的な調査その他の必要な措置を講ずるものとする」とされている。課題早期発見対応は，いじめの予兆がみられたり，気になる児童生徒がみられたりするときに行う対応で，一部の児童生徒を対象に行われるものである。具体的にはアンケートの実施，面談，健康観察等による気づきと被害児童生徒の安全確保である（文部科学省，2022）。

いじめの発見のきっかけは，「アンケート調査など学校の取組により発見」が最も多いことが報告されている（文部科学省，2023）。定期的にいじめが起きていないか確認するためにアンケート調査を実施することが望ましい。しかし，いじめが起きたときからいじめのアンケートの実施時期までに時間が空いてしまうこともあるため，いじめがあったら，児童生徒から報告できる仕組みが必要である。GIGAスクール構想によって1人1台タブレット端末が配付されているので，タブレットを活用したいじめの報告を行えるとよい。

休み時間等で気になる児童生徒がみられた場合は，呼び出し面談をするとよい。ふざけ合いに見えるような場合も，いじめではないと決めつけずに，見えないところで被害が発生していないか，丁寧に調査する必要がある。また，家庭でいつもと様子が異なる場合は，すぐに学校に報告してもらうよう保護者との連携も必要である。

（4）困難課題対応的生徒指導

困難課題対応的生徒指導は，いじめが起きた後に，いじめの解消に向けて特

定の児童生徒を対象に行われる組織的な指導・援助のことである（文部科学省，2022）。いじめ防止対策推進法第 23 条では，「学校の教職員，地方公共団体の職員その他の児童等からの相談に応じる者及び児童等の保護者は，児童等からいじめに係る相談を受けた場合において，いじめの事実があると思われるときは，いじめを受けたと思われる児童等が在籍する学校への通報その他の適切な措置をとるものとする」と定められている。学校における「いじめ防止対策委員会」においては，いじめが起きてしまった原因や対応の適切性について検証し，再発防止や対応の改善に努める必要がある。

被害者への援助としては，スクールカウンセラーや養護教諭を中心に，いじめられた児童生徒の理解と心身のケアを行い，今後どのような援助が必要であるか，被害者のニーズを確認する。教室以外の場所で学習をしたいという要望があった場合は，保健室登校やオンライン授業を計画し，安心して教育を受けられるようにするための必要な措置を講じることが必要である。

いじめ加害者と被害者の関係修復にあたっては，早急な収束をはかろうとするあまり，加害者に形式的・表面的な謝罪をさせないように留意する必要がある。加害者が被害者に対して加害行為をしたことへ罪悪感をもち，被害者に対して謝りたいという気持ちを醸成させることが大切である。また，加害者がいじめた理由として被害者に原因があることを指摘する場合があるが，それに基づいて双方に謝罪させる（被害者にも謝罪させる）ことがあってはならない。

いじめは，単に謝罪をもって安易に解消とすることはできないと認識する必要がある。いじめが「解消している」状態とは，少なくとも，①いじめに係る行為がやんでいる状態が相当の期間（少なくとも 3 か月を目安とする）継続していること，②被害児童生徒が心身の苦痛を感じていないこと，の 2 つの要件が満たされている必要がある（文部科学省，2017）。被害児童生徒が心身の苦痛を感じているかどうかは，本人およびその保護者に対し面談等を実施して確認を行う。

第 6 章　いじめをなくすことはできるのか？

4．いじめの重大事態への対応

(1) いじめの重大事態における対応

　いじめ防止対策推進法第 28 条では，「学校の設置者又はその設置する学校は，次に掲げる場合には，その事態（以下「重大事態」という。）に対処し，及び当該重大事態と同種の事態の発生の防止に資するため，速やかに，当該学校の設置者又はその設置する学校の下に組織を設け，質問票の使用その他の適切な方法により当該重大事態に係る事実関係を明確にするための調査を行うものとする」と定められている。そして，1 号において「いじめにより当該学校に在籍する児童等の生命，心身又は財産に重大な被害が生じた疑いがあると認めるとき」，2 号において「いじめにより当該学校に在籍する児童等が相当の期間学校を欠席することを余儀なくされている疑いがあると認めるとき」と定められている。しかし，学校の設置者又は学校において，いじめの重大事態が発生しているにもかかわらず，法や基本方針に基づく対応を行わない等の不適切な対応がみられたことから，2017 年に文部科学省は「いじめの重大事態の調査に関するガイドライン」を策定している。[*4]

　いじめ防止対策推進法第 28 条第 1 項 1 号は生命心身財産重大事態，2 号は不登校重大事態と呼ばれている。生命心身財産重大事態の例としては，児童生徒が自殺を企図した場合，身体に重大な傷害を負った場合，金品等に重大な被害を被った場合，精神性の疾患を発症した場合等がある。また，転校せざるを得なかった場合も含まれる。一方，不登校重大事態の相当の期間については，不登校の定義を踏まえ，欠席日数年間 30 日を目安としているが，連続して欠席しているような場合には，目安にかかわらず，学校の設置者または学校の判断により，迅速に調査に着手することが必要とされている。被害者やその保護者から，「いじめにより重大な被害が生じた」という申立てがあったとき（いじ

＊4　「いじめの重大事態の調査に関するガイドライン」については＊3 の URL を参照のこと。

めという言葉を使わない場合を含む）は，その時点で学校が「いじめの結果では
ない」あるいは「重大事態とはいえない」と考えたとしても，重大事態が発生
したものとして報告・調査等にあたる必要がある。

（2）第三者委員会の役割

　前項でみてきたように，いじめの重大事態が発生した場合は，速やかに，当
該学校の設置者またはその設置する学校の下に組織を設け，質問票の使用その
他の適切な方法により当該重大事態に係る事実関係を明確にするための調査を
行う必要がある。調査組織については，公平性・中立性が確保され，客観的な
事実認定を行うことができるよう構成することが求められる。組織の委員とし
ては，弁護士，精神科医，学識経験者，心理・福祉の専門家等の専門的知識お
よび経験を有するものであって，当該いじめの事案の関係者と直接の人間関係
または特別の利害関係を有しない者（第三者）が望ましい。重大事態の調査主
体は，学校が主体となるか，学校の設置者（教育委員会等）が主体となるかの判
断を学校の設置者が行う。その際，第三者のみで構成する調査組織とするか，
学校や設置者の職員を中心とした組織に第三者を加える体制とするか等の検討
を行う。公平性・中立性を確保するためには，当該いじめの事案の関係者と直
接の人間関係を有しない者（第三者）が含まれる方が望ましい。

　第三者委員会は，被害児童生徒とその保護者に寄り添いながら対応していく
必要があり，信頼関係を構築することが求められる。信頼を築くためには，連
絡，説明，報告を適切かつ丁寧に行い，調査への不安や疑念が生じないように
する必要がある。調査は，民事・刑事上の責任追及やその他の争訟等への対応
を直接の目的とするものではなく，学校の設置者および学校が事実に向き合う
ことで，事案の全容解明，当該事態への対処や，同種の事態の発生防止をはか
るために行われる。

> 児童生徒にいじめることは良いことか悪いことかを尋ねれば,「悪いこと」という回答が返ってくる。いじめが悪いことであることは,小学校低学年児童でも理解していることである。また,本章でみてきたように,学校においてもいじめが起きることを予防する取り組みが行われている。それにもかかわらず,いじめの認知件数は減少傾向にあるとはいえない。全国的にみれば,いじめを認知していない学校も存在するが,いじめをなくすことは本当にできるのだろうか。考え続けてほしい。

引用文献

井口博（2013）．いじめの基本理論　特集　見落とさないで！「性的いじめ」．Sexuality,（61）, 6-15.

小塩真司・中谷素之・金子一史・長峰伸治（2002）．ネガティブな出来事からの立ち直りを導く心理的特性――精神的回復力尺度の作成．カウンセリング研究, **35**（1）, 57-65.

葛西真記子・吉田亜里咲（2017）．中高生の性的いじめの現状――教員と学生へのインタビュー調査から．鳴門教育大学研究紀要, **32**, 226-235.

木村敏久・小泉令三（2020）．中学校におけるいじめ抑止の意識向上に向けた社会性と情動の学習の効果検討．教育心理学研究, **68**（2）, 185-201.

黒川雅幸（2022）．教育社会心理学に関する研究の動向――いじめ研究の動向と課題．教育心理学年報, **61**, 45-62.

武田さち子（2013）．性的いじめの現状と大人たちがすべきこと．Sexuality,（61）, 16-23.

森田洋司・清永賢二（1986）．いじめ――教室の病．金子書房

文部科学省（2017）．「いじめの防止等のための基本的な方針」（最終改定　平成29年3月14日）https://www.mext.go.jp/component/a_menu/education/detail/__icsFiles/afieldfile/2019/06/26/1400030_007.pdf（2024年4月23日閲覧）

文部科学省（2022）．生徒指導提要（改訂版）https://www.mext.go.jp/content/20230220-mxt_jidou01-000024699-201-1.pdf（2024年10月10日閲覧）

文部科学省（2023）．「令和4年度　児童生徒の問題行動・不登校等生徒指導上の諸課題に関する調査結果について」https://www.mext.go.jp/content/20231004-mxt_jidou01-100002753_1.pdf（2023年10月11日閲覧）

Olweus, D.（1993）．*Bullying at school: What we know and what we can do*. Cambridge, MA: Blackwell.

Salmivalli, C., Lagerspetz, K., Björkqvist, K., Österman, K. & Kaukiainen, A.（1996）. Bullying as a group process: Participant roles and their relations to social status within the group. *Aggressive Behavior*, **22**（1）, 1-15.

第7章

どうすれば自分や他人を傷つけずに成長することができるのか？
—— 暴力行為・非行

<<< 　学習のポイント　 >>>

- 近年の暴力行為・非行の状況とその背景を知る。
- 暴力行為・非行に対する発達支持的アプローチ，発生を未然に防ぐための取り組みを知る。
- 地域・関係機関と連携した，暴力行為・非行への生徒指導について知る。

> Aさんは，最近同級生たちが変わってきたと感じている。Bさんは，前のクラスでのいざこざ以降，今のクラスでひそひそ声がするだけで怒鳴ったり，ロッカーを蹴ったりするようになった。ほかにも，塾から親の車で帰るとき，年上の人たちと夜の街を歩くCさんを見た。BさんもCさんもみんなの噂に上っていて，Aさんも落ち着かない気持ちである。さて，あなたがこの生徒たちの学校の先生であればどのように彼らと関わっていくだろうか。

1. 暴力行為とは

(1) 学校における暴力行為

　文部科学省の「児童生徒の問題行動・不登校等生徒指導上の諸課題に関する調査」では，「暴力行為」を「自校の児童生徒が，故意に有形力（目に見える物理的な力）を加える行為」と定義している。2022年度には，小・中・高等学校における発生件数が，約9万5千件で過去最多となった（文部科学省，2023）。その中でも近年，小学校における発生件数の増加，つまり暴力行為の低年齢化が指摘されている。また，その要因としては，児童生徒の成育，生活環境の変化，児童生徒が経験するストレスの増大，また最近の児童生徒の傾向として，感情を抑えられず，考えや気持ちを言葉でうまく伝えたり人の話を聞いたりする能力が低下していること等が挙げられ，同じ児童生徒が暴力行為を繰り返す傾向が指摘されている（暴力行為のない学校づくり研究会，2011）。

(2) 発達の問題と暴力行為

　感情を抑えられないという問題は，情動状態の強さと持続を調整する能力（Gross et al., 1998）である感情制御の問題である。標準的な発達としては，養育者の期待を幼児が受け，認知能力の発達によって社会が求める水準に感情制御

を調整することによって，幼児期に感情の自己制御が可能になるとされてきた（Kopp, 1989）。しかし近年，（ア）ADHD，ASD 等の発達障害のある児童生徒の特性や不適応感（困り感）に適切な対処がなされないことによる二次的障害としての暴力行為，（イ）受験等によるストレス反応としての暴力行為，（ウ）不適切な養育により愛着に課題を抱える児童生徒の感情制御不全としての暴力行為，等，児童生徒の抱える課題に起因した暴力行為が増加している（暴力行為のない学校づくり研究会，2011）。ここでは，発達の問題を背景とした（ア）と（ウ）について概説する。

（ア）ADHD（注意欠如多動症）は不注意，衝動性，多動性を特徴とする発達障害である。不注意とは容易に気を散らす，集中できない状態であり，衝動性は考える前に動いてしまい，行動のフィードバックがかかりにくいことである（杉山・原，2003）。彼らは支援がなされていない場合には叱責の対象となることが多く，自己評価の低下等の二次障害を起こしやすい。また ASD（自閉スペクトラム症）は生来の社会性の障害を中心とする発達障害の総称である。言葉の遅れ，こだわり行動，感覚の特異性，不器用等を併せもつこともある（杉山・原，2003）。ASD のある児童生徒は，児童期思春期の同世代関係の深まりにつれて，非言語的コミュニケーションや集団内の暗黙の了解事項の読み取りの困難により，集団内でのストレスが生じやすい。二次障害としての自己評価の低下や，集団内でのストレスによる発達障害特性の増悪は発達障害のある児童生徒の学校生活を緊張と混乱に陥れやすく，ささいなきっかけにより，彼らを暴力行為に至らしめてしまうことがある。

また（ウ）不適切な養育により愛着に課題を抱える児童生徒は，養育者と感情制御を共有し自律的な感情制御を形成するプロセスの不足により，否定的感情や欲求不満への対処が言語化を経ない暴力行為に結びつきやすい傾向がある。加えて発達障害特性と不適切な養育が関連し合う状態像も多くみられる。

このように暴力行為とは，児童生徒の抱えるさまざまな問題へ対応がなされていない状況が生み出した暴発である。暴力行為に至る前にはさまざまな予兆が存在する。自分と他人をどちらも大切にするという人権尊重の視点に立った，

生徒指導としての日常対応が暴力行為の発生の予防につながるといえよう。

2. 非行とは

(1) 非行少年と不良行為少年

非行少年とは，罪を犯した 14 歳以上の少年（犯罪少年），14 歳に満たないで刑罰法令に触れる行為をした少年（触法少年），および保護者の正当な監督に服しない性癖等の事由があり，少年の性格または環境に照らして，将来，罪を犯し，または刑罰法令に触れる行為をするおそれのある少年（ぐ犯少年）をいう（少年法第 3 条第 1 項）。

少年による刑法犯は 2004 年以降減少傾向にあり，2022 年の少年による刑法犯の検挙人員の少年 10 万人あたりの人口比（193.3 人）は，1981 年のピーク時（1,432.2 人）の 7 分の 1 である。しかし検挙人員における再非行少年率は高く（2022 年は 31.7%），少年の立ち直りと自立への支援は重要な課題と位置づけられている。少年による刑法犯の罪名と検察庁新規受理人員における少年の比率（少年比）の一覧を表 7-1 に示す（法務総合研究所，2023）。

より広く非行を捉えたものとして，「少年警察活動規則」による不良行為少年は「非行少年には該当しないが，飲酒，喫煙，深夜はいかいその他自己又は他人の徳性を害する行為」をしている少年と規定されている。生徒指導で問題行動となる飲酒，喫煙は，少年の保護のため法律で禁止されているが，少年に処罰はない。

＊1 少年とは，20 歳に満たない者を意味する。

＊2 2022 年 4 月に成年年齢は 18 歳に引き下げられ，18，19 歳は特定少年と位置づけられた。特定少年は，ぐ犯による保護処分の対象から除外される（少年法第 65 条第 1 項）。

＊3 触法少年の補導人員を含む。

＊4 10 歳以上 20 歳未満の少年。

＊5 危険運転致死傷および過失運転致死傷等の検挙人員は含まない。

＊6 親権者や監督する立場にある者，販売者への処罰はある。なお，2022 年 4 月から成年年齢が 18 歳に引き下げられたが，健康被害防止および非行防止の観点から喫煙や飲酒が可能な年齢は 20 歳以上に維持されている（文部科学省，2022）。

第 7 章　どうすれば自分や他人を傷つけずに成長することができるのか？

表 7-1　少年による刑法犯　検挙人員・少年比（罪名別，男女別）

（令和 4 年）

罪名	総数		男子	女子	女子比	少年比
総数	21,401	(100.0)	17,927	3,474	16.2	12.2
殺人	55	(0.3)	36	19	34.5	7.0
強盗	245	(1.1)	231	14	5.7	18.5
放火	79	(0.4)	68	11	13.9	13.8
強制性交等	220	(1.0)	217	3	1.4	16.0
暴行	1,461	(6.8)	1,299	162	11.1	5.9
傷害	1,942	(9.1)	1,754	188	9.7	10.8
恐喝	320	(1.5)	276	44	13.8	27.0
窃盗	11,159	(52.1)	8,766	2,393	21.4	13.5
詐欺	836	(3.9)	676	160	19.1	7.9
横領	1,372	(6.4)	1,224	148	10.8	14.5
遺失物等横領	1,356	(6.3)	1,211	145	10.7	15.9
強制わいせつ	485	(2.3)	481	4	0.8	15.1
住居侵入	933	(4.4)	888	45	4.8	26.3
器物損壊	956	(4.5)	854	102	10.7	18.8
その他	1,338	(6.3)	1,157	181	13.5	10.2

注 1）警察庁の統計による。
注 2）犯行時の年齢による。
注 3）触法少年の補導人員を含む。
注 4）「遺失物等横領」は，横領の内数である。
注 5）（　）内は，構成比である。
出所：法務総合研究所（2023）。

　その他，2014 年より大麻取締法による少年の検挙人員が急速に増加している（法務総合研究所，2023）。また，市販薬の過剰摂取（オーバードーズ）も近年問題になっており，2023 年上半期の 10 代の救急搬送件数は 2020 年の 1.7 倍に上った（添島，2023）。薬を含めた物質依存者には，「援助を求めて傷ついた経験や他者からの援助を求められない環境での生育の影響のために，心理的苦痛を意識下に抑圧し，内的緊張が極度に高く，ささいな刺激で感情の爆発を起こしやすい感情調節障害が多い」と指摘されている（松本，2018）。物質使用はそうした内的緊張の緩和ができる自己治療であり，苛酷な状況に独力で過剰適応するための手段である。物質依存者は援助希求を自覚しにくいが，つらいときに信頼できる大人に相談する経験につながることが重要である（松本，2018）。

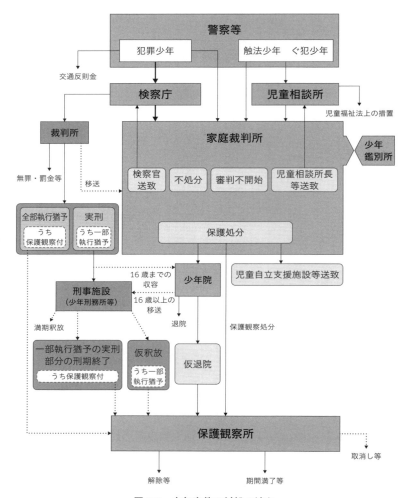

図 7-1 少年事件の対処の流れ
出所：文部科学省（2022）をもとに作成。

（2）少年非行の処遇

① 家庭裁判所送致と児童相談所通告

図 7-1 のように，少年に犯罪の嫌疑がかかった場合（犯罪少年），警察又は検

察官は少年を家庭裁判所に送致する。

　触法少年および14歳未満のぐ犯少年について，家庭裁判所は警察の調査を経て，都道府県知事または児童相談所長から送致を受けたときに限り，審判に付すことができる。また14歳未満の触法行為またはぐ犯行為に対応するのは，児童福祉法により，市町村または児童相談所であり，非行等の問題行動を起こした児童で家庭環境等に問題がある者も，要保護児童[*7]とされている。14歳以上のぐ犯少年[*8]は家庭裁判所に通告しなければならないが，警察官または保護者が家庭裁判所への送致・通告よりも児童福祉法による措置が適当と認めるときは[*9]児童相談所に通告することができる。

②　家庭裁判所における手続の流れ

　家庭裁判所は，事件について家庭裁判所調査官に命じて必要な調査を行わせることができる。家庭裁判所は，審判を行うため必要があるときは，少年を少年鑑別所に送致する。少年鑑別所は，送致された少年を収容して，医学，心理学，教育学，社会学その他の専門的知識および技術に基づいて，鑑別と必要な処遇を行う。

　家庭裁判所は，調査の結果に基づき，審判不開始，審判開始等の決定をする。家庭裁判所は，保護処分の必要がないと認めるときは，不処分の決定をする。他方，調査または審判の結果，児童福祉法上の措置を相当と認めるときは，事件を都道府県知事または児童相談所長に送致する。

　また，調査または審判の結果，刑事処分を相当と認めるときは，事件を検察官に送致する。犯行時に16歳以上の少年が故意の犯罪行為で被害者を死亡させた事件，特定少年に関わる死刑，懲役または禁錮にあたる罪等については，原則として検察官に送致し（原則逆送），検察官は当該事件を起訴する。

　家庭裁判所はこれらの場合以外は，保護処分をしなければならず，保護観

＊7　要保護児童とは，「保護者のない児童又は保護者に監護させることが不適当であると認められる児童」をいう（児童福祉法第6条の3第8項）。

＊8　特定少年を除く。

＊9　児童相談所は少年と保護者対象の通所指導のほかに，要保護性と再犯リスクが高いケースの場合，一時保護や施設入所を実施する。

察，児童自立支援施設・児童養護施設送致[*10]または少年院送致[*11]のいずれかの決定を行う。[*12]

③ 保護処分に係る手続の流れ

保護観察に付された少年は，保護観察官または保護司から，改善更生のために必要な指導監督および補導援護を受ける。保護観察に付された者の保護観察期間は，原則として20歳までである。

児童自立支援施設・児童養護施設送致の決定を受けた少年は，児童福祉法による施設である児童自立支援施設または児童養護施設に入所措置される。

児童自立支援施設は，児童福祉法により「不良行為をなし，又はなすおそれのある児童及び家庭環境その他の環境上の理由により生活指導等を要する児童を入所させ，又は保護者の下から通わせて，個々の児童の状況に応じて必要な指導を行い，その自立を支援し，あわせて退所した者について相談その他の援助を行うことを目的とする施設とする」と定められている。児童養護施設は「保護者のない児童や保護者に監護させることが適当でない児童に対し，安定した生活環境を整えるとともに，生活指導，学習指導，家庭環境の調整等を行いつつ養育を行い，児童の心身の健やかな成長とその自立を支援する機能」をもつ施設である（厚生労働省，2011）。

家庭裁判所の決定により少年院送致とされた少年（在院者）は，少年院に収容され，矯正教育，社会復帰支援等を受ける。在院者の収容期間は，原則として20歳までである。他方，在院者については，生活環境の調整を行い，地方更生保護委員会の決定により，収容期間の満了前に仮退院を許されることがあり，仮退院の期間中は保護観察に付される。

(3) 少年非行に関する近年の状況

少年非行に至る類型として，『生徒指導提要（改訂版）』では代表的な3類型

---

*10 18歳未満の少年に限る。
*11 おおむね12歳以上の少年に限る。
*12 特定少年は特例が設けられている。

の経路を挙げている。①本人の生来の性質と不適切な養育の関連から低年齢で人間関係への不信感と問題行動が発生し，叱責と反抗の悪循環が問題行動を増悪し，児童期以降に不良交友仲間との関係をもつようになり，不良行為から非行（器物損壊，暴力行為，傷害，恐喝，性的逸脱行動，薬物依存等）に発展し加害者や被害者になる経路，②思春期・青年期の自己の不安定を背景に交友関係の広がりから規範意識が緩み，万引き，自転車・バイク盗のような初発型非行に及ぶ経路，③挫折や家庭・学校生活でのストレスから突発的に非行に及んでしまう経路である（文部科学省，2022）。

　また，近年の非行少年について生育環境の影響が見逃せないものとして，「令和5年版犯罪白書」は少年院在院者と保護観察処分少年（以下，非行少年）とその養育者を対象とした特別調査を実施した（法務総合研究所，2023）。その結果，非行少年は家族団らんが少なく食生活が乱れており，家事や介護に従事する時間が一般少年より長かった。また，スマートフォンによるゲームや SNS に長時間接し，学校生活への不適応傾向，勉強が「わからなかった」等の比率が一般少年より高かった。

　また特別調査では非行少年の逆境的小児期体験（Adverse Childhood Experiences: ACEs）の有無を調査している。ACEs Study とは子ども時代の虐待と成人以降の健康上の問題との関連に関する研究群であり，ACEs と非行や薬物乱用，貧困との関連もこれまでに報告されてきた。ACEs 質問紙の項目は「繰り返し，身体的な暴力を受けていた（殴られる，蹴られるなど）」，「性的な暴力を受けていた」，「アルコールや薬物乱用者が家族にいた」等であり，ACEs Score が累積するほど成人における健康上のリスクが高いことが報告されている（松浦ほか，2007）。特別調査の結果より，ACEs Score 該当数が1項目以上の者の比率が少年院在院者で 87.6%，保護観察処分少年で 58.4% にも上ることが明らかになった。松浦ほか（2007）は一般少年の 88.9% は ACEs Score 該当数が0であることを報告しており，非行少年の生育環境が厳しいことがうかがえる。

　一方で少年の再犯に関して，少年鑑別所の再入リスクは家族の親和性が高いほど有意に低く（近藤・高橋，2009），児童相談所の指導効果も同居する実父母

が4回以上通所指導に来た場合に明確であった（緒方，2018）。ここから，家族基盤の脆弱性を抱える少年への保護環境が非行抑止に重要であると考えられる。

3．暴力行為，非行とどのように関わるか

(1) 組織的な生徒指導体制による防止・早期発見

　暴力行為，非行発生を防止，または早期発見するためには，管理職，生徒指導主事への報告，連絡，相談のシステムが機能し，スクールカウンセラー，スクールソーシャルワーカー，必要な場合には関係機関等の専門家を含めた教職員間の情報，指導方針の共有がなされ，担任が一人で抱え込まない体制が整っているかの点検が必要である（暴力行為のない学校づくり研究会，2011）。また，日常の学校生活における観察，情報把握等の児童生徒理解が欠かせない。被害者がいる場合は事実確認とともに，被害感情や不安感を聴き取り，その後の対応にいかしていく必要がある（暴力行為のない学校づくり研究会，2011）。

　また，個人の問題行動が学校・学級といった集団全体へと波及した「荒れた学校」では，生徒によって指導の基準が異なるダブルスタンダード化した指導のために，一般生徒にまで反学校的な生徒文化が形成され，不良行為をする少年が支持され，荒れが悪化するという悪循環が指摘されている（加藤・大久保，2009）。このため，指導を見ている一般生徒を含めた三者関係的生徒指導の考慮が重要である（加藤・大久保，2009）。

　加えて，学校は警察署や少年サポートセンター等の関係機関と連携して，非行防止教室，被害防止教室，薬物乱用防止教室等を実施することができる（文部科学省，2022）。少年サポートセンターや警察の少年部門，少年鑑別所が開設した法務少年支援センターでは少年，保護者に対する相談活動を行っており，非行抑止としての家族支援について連携が可能である。

(2) 被害・加害の聴き取りについて

　犯罪行為として法的対応をとる可能性のある被害または加害を聴き取る際に

は，司法面接に準じた面接法が適切である。司法面接に準じた面接とは，録画を行い，面接のグラウンドルールの説明（「本当のことを話す」ことを動機づける／「わからない」「知らない」を言う教示／面接者の間違いを訂正する練習／ラポール形成／出来事を思い出して話す練習を含む）と練習を行った後に，「何があったのか，覚えていることを最初から最後まで全部話してください」等の，質問者の予測や意図を含まない質問によって進める。司法面接の目的は本人の自由報告に基づく事実確認である。このため，事実確認と被害者の心のケアのための面接は機会を分けなければならない。

　法的対応の根拠となる被害の事実に関する情報を得るためには正確な聴取，記録が不可欠であり，面接内容に被暗示性や誘導質問の可能性が疑われれば，被害者がやっとの思いで話したにもかかわらず，事件は解決されず，被害者は困難な状況に取り残されてしまう（仲，2016）。また，被害者がつらい体験について繰り返し報告を求められる状況は二次的な精神的苦痛を生じさせかねない。不備のある面接方法により，被害者を複数回の報告状況にさらさないためには司法面接の手続を学んでおく必要があるだろう。

（3）出席停止

　以上のような対応と指導にもかかわらず，暴力行為，非行等の問題行動を繰り返す児童生徒に対しては，出席停止制度の措置をとることを検討し，犯罪行為の可能性がある場合には，学校は法的な対応を検討しなければならない。出席停止は，懲戒行為ではなく，学校の秩序を維持し，ほかの児童生徒の教育を受ける権利を保障するためにとられる措置であり，市町村教育委員会および学校は，制度の趣旨を十分理解し，日頃から規範意識を育む指導やきめ細かな教育相談等を行うことが必要である（暴力行為のない学校づくり研究会，2011）。

（4）懲罰から発達支持的指導へ

　従来，生徒指導では「規範意識の醸成」のために懲戒が許容されてきた（国立教育政策研究所生徒指導研究センター，2006 等を参照）。

一方で暴力行為，非行からの立ち直りについて，室城（2012）は家庭裁判所に送致された中学生たちの事例から，「自らの過ちへの気づきと後悔の後に立ち直ろうと努力するが学習面で挫折する。しかし援助と共に克服する経験を経て他者認識が変化し，話し合って問題解決する力を獲得することで自己認識も変化し，暴力を振るわずに生活できるようになる」という立ち直りのプロセスモデルを報告している。このように，他者と関係を形成し，話し合って問題解決する経験は暴力行為や非行を行う少年への有効な援助となる。話し合いが可能となる関係形成は，暴力行為や非行を未然に防止する発達支持的生徒指導の最たるものであろう。

　冒頭の，暴力が出るBさん，夜に仲間と徘徊するCさん，その様子を噂しているAさんたちを含めた生徒への指導方針や言葉かけがイメージできるだろうか。各児童生徒の状況と背景を理解し，福祉，警察，司法といった学外機関とも連携して適切な保護と指導を行うことができるように考えを深めよう。

引用文献

緒方康介（2018）．触法少年に対する児童相談所の指導効果．犯罪心理学研究，**56**（1），89-104．
加藤弘通・大久保智生（2009）．学校の荒れの収束過程と生徒指導の変化．教育心理学研究，**57**（4），466-477．
厚生労働省（2011）．「社会的養護の施設等について」
　　https://www.mhlw.go.jp/bunya/kodomo/syakaiteki_yougo/01.html（2024年1月30日閲覧）
国立教育政策研究所生徒指導研究センター（2006）．「生徒指導体制の在り方についての調査研究」報告書——規範意識の醸成を目指して
近藤日出夫・高橋久尚（2009）．少年鑑別所退所者の再入に関する研究——非行少年用リスクアセスメント構築に向けて．犯罪心理学研究，**47**（1），1-19．
杉山登志郎・原仁（2003）．特別支援教育のための精神・神経医学．学研，p. 17．
添島香苗（2023）．「オーバードーズでの救急搬送，23年上半期5600件　若者で増加」毎日新聞デジタル
　　https://mainichi.jp/articles/20231219/k00/00m/040/190000c（2023年12月19日閲覧）
仲真紀子（編著）（2016）．子どもへの司法面接——考え方・進め方とトレーニング．有斐閣，pp. 186-206．

第 7 章　どうすれば自分や他人を傷つけずに成長することができるのか？

法務総合研究所（2023）．「令和 5 年版犯罪白書——非行少年と生育環境」
　https://www.moj.go.jp/housouken/houso_hakusho2.html（2023 年 12 月 11 日閲覧）
暴力行為のない学校づくり研究会（2011）．「暴力行為のない学校づくりについて（報告書）」
　https://www.mext.go.jp/b_menu/shingi/chousa/shotou/079/houkou/1310369.htm（2023 年 6 月 14 日
　閲覧）
松浦直己・橋本俊顕・十一元三（2007）．少年院における LD，AD／HD スクリーニングテストと逆境
　的小児期体験（児童虐待を含む）に関する調査——発達精神病理学的視点に基づく非行の risk factor.
　児童青年精神医学とその近接領域，**48**（5），583-598.
松本俊彦（2018）．人はなぜ依存症になるのか——子どもの薬物乱用．児童青年精神医学とその近接領
　域，**59**（3），278-282.
室城隆之（2012）．中学生の対教師暴力からの立ち直りプロセスに関する質的研究——家庭裁判所調査
　官による介入事例の分析．犯罪心理学研究，**49**（2），1-14.
文部科学省（2022）．生徒指導提要（改訂版）
　https://www.mext.go.jp/content/20230220-mxt_jidou01-000024699-201-1.pdf（2024 年 10 月 10 日
　閲覧）
文部科学省（2023）．「令和 4 年度　児童生徒の問題行動・不登校等生徒指導上の諸課題に関する調査
　結果の概要」
　https://www.mext.go.jp/content/20231004-mxt_jidou01-100002753_2.pdf（2023 年 12 月 15 日閲覧）
Gross, J. J., Feldman Barrett, L., John, O., Lane, R., Larsen, R. & Pennebaker, J.（1998）. The emerging
　field of emotion regulation: An integrative review. *Review of General Psychology, 2*（3），271-299.
Kopp, C. B.（1989）. Regulation of distress and negative emotions: A development view. *Developmental
　Psychology,* **25**（3），343–354.

第**8**章

安心して学ぶことのできる学校とは？
—— 不登校の理解と支援

≪≪≪　学習のポイント　≫≫≫

- ✓ 不登校の現状について理解する。
- ✓ 不登校児童生徒と保護者の支援について説明できる。
- ✓ 不登校児童生徒の支援における学校内外の連携について理解する。

　不登校の子どもは何時頃起床して,どこで,どのような気持ちで何をして一日を過ごしているのか,食事はどうしているのだろうか。学校を欠席している子どもの一日を,起床から就寝まで時系列に沿って想像してみよう。

1. 不登校の現状と支援

(1) 不登校の現状

　文部科学省（2023a）の「児童生徒の問題行動・不登校等生徒指導上の諸課題に関する調査」結果によると,小・中・高校の不登校児童生徒数は36万人程度となっている。小中学校の不登校児童生徒数は10年連続で増加しており,うち,出席日数が0日の者は3%程度,90日以上欠席している者は55.4%となっている。不登校児童生徒の実態把握に関する調査企画分析会議（2021）が小学校6年生と中学校2年生の不登校経験者に調査をした結果,回答者の3割程度が「先生のこと（先生と合わなかった,先生が怖かった,体罰があったなど）」が「最初に行きづらいと感じ始めたきっかけ」であると回答していた。また,子どもの発達科学研究所（2024）の調査によると,不登校児童生徒の7割前後が心身の不調や睡眠をめぐる不調を感じているのに対し,教員はそのことに気づいていないという結果が得られている。ICTを活用しての「心の健康観察」の取り組みがはじまっているが（文部科学省,2023b）,教師が子どものメンタルへ

---

*1　最新の調査結果については,「児童生徒の問題行動・不登校等生徒指導上の諸課題に関する調査」（文部科学省）を確認してほしい（右のQRコード参照）。
*2　文部科学省「児童生徒の問題行動・不登校等生徒指導上の諸課題に関する調査」における「不登校」の定義は「何らかの心理的,情緒的,身体的,あるいは社会的要因・背景により,児童生徒が登校しないあるいはしたくともできない状況にある者（ただし,『病気』や『経済的理由』,『新型コロナウイルスの感染回避』による者を除く。）」であり,年度間に30日以上登校しなかった児童生徒数が計上されている。

表 8-1　義務教育の段階における普通教育に相当する教育の機会の確保等に関する法律の基本理念

1　全児童生徒が豊かな学校生活を送り，安心して教育を受けられるよう，学校における環境の確保
2　不登校児童生徒が行う多様な学習活動の実情を踏まえ，個々の状況に応じた必要な支援
3　不登校児童生徒が安心して教育を受けられるよう，学校における環境の整備
4　義務教育の段階の普通教育に相当する教育を十分に受けていない者の意思を尊重しつつ，年齢又は国籍等にかかわりなく，能力に応じた教育機会を確保するとともに，自立的に生きる基礎を培い，豊かな人生を送ることができるよう，教育水準を維持向上
5　国，地方公共団体，民間団体等の密接な連携

出所：文部科学省（2016）。

ルスについて理解を深めることも求められる。

　不登校児童生徒数が増加し続けていることは学校教育に構造的な課題があることを示していると考えられ，子どもたちにとって安全・安心な学校づくりが求められている。不登校を生まない学校づくりの視点としては，2017 年に義務教育の段階における普通教育に相当する教育の機会の確保等に関する法律が施行され，基本理念として表 8-1 が掲げられた（文部科学省，2016）。

　また，2023 年には「誰一人取り残されない学びの保障に向けた不登校対策について」（文部科学省，2023c）が発出され，学びの多様化学校の拡充，校内教育支援センターの設置，教育支援センターの機能強化，学級替えや転校の柔軟な対応，高校段階を見据えた切れ目のない不登校支援，保護者支援の充実，福祉部局と教育委員会との連携強化，学校風土の把握により安心して学べる環境づくりに努めること等が掲げられた。

(2) 緊急性のアセスメント

　子どもが欠席したとき，まずは，急いで介入すべきかどうかということを判断するための情報を収集する必要がある。八木（2023）は，子どもが学校に行きたくないと述べるときには，既に子どもが耐えられる限界に達しているおそれがあり，「(何かあったんだね) 何があったの？」と問いかけ，共感的理解に努めることで支援を開始できると述べている。教師が子どもと直接話すことができない場合には，保護者に家で変わったことはないか，家庭で学校のことをど

のように話しているか聞けるといいだろう。その際，原因を特定し，除去するという姿勢で臨むと，子ども本人を含む誰かの責任を追及することに陥りやすいので留意したい。

授業や課外活動で関わっているほかの教員や養護教諭から様子を聞くことやほかの子どもたちの様子を観察することも必要である。そうすることで，いじめや児童虐待等，早急な介入が必要な事態であるにもかかわらず，タイミングを逸するというリスクを小さくすることができるだろう。

(3) 支援につなぐ

文部科学省（2023a）によると，不登校の小中学生のうち4割弱が，養護教諭やスクールカウンセラー（以下，SC）を含む専門的な支援とつながっていない。その中には家族以外と関わる機会がない状態が長期間継続している者も含まれると考えられる。学校を休み，他者から距離をおくことが必要であるケースがある一方で，長期にわたり欠席が続くことで，他者との関わりにより育まれる自己理解や他者理解，対人関係能力を伸ばす機会や行動のバリエーションや興味関心の広がりが生まれる機会の不足が児童生徒の育ちに与える影響も考えなければならない。支援は最も必要としている人に最も届きにくい。不登校児童生徒と家族が孤立しないように，学校関係者に限らず子どもの育ちに関わる人を増やしていくことが必要である。「児童生徒理解・支援シート」（文部科学省，2019b）を作成する際，適切な支援や教育を受ける機会を，どのように保障していくかという視点から，担任以外の関わり手による支援の位置づけを明確にした上で，チーム学校として計画的に支援をしていくことが必要である。そうすることで，誰が，どのような支援をしているのか可視化でき，不足している支援が何かということもわかりやすくなる（文部科学省，2019c）。

(4) 登校刺激

冒頭の問いで，不登校の子どもの一日を想像してもらったが，教師のどのような働きかけであれば，子どもが拒否感や抵抗感を覚えずにすむだろうか。

教員側に登校を促す明確な意図がないつもりでも、子どもが欠席した際に教員が家庭に電話をすること、家庭訪問、行事予定が掲載されたプリントを渡すこと等が登校刺激として働く可能性がある[*3]。教員は学校を象徴する最たるものであるため、教員の存在自体が登校刺激となることに留意したい。

登校刺激を行うのは教員だけではない。保護者が、毎朝、「起きなさい。間に合わないよ」と声をかけることも登校刺激である。

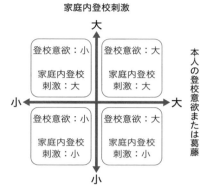

図8-1　登校刺激の考え方
出所：筆者作成。

教員が、登校刺激をどの程度行うべきかを考えるときに、考慮しなければならないのは家庭内の登校刺激がどの程度あるかということと、子ども本人が「学校に行かなければならない」「学校に行きたい」という登校意欲（あるいは「行かなければならないのに行けない」「行きたいのに行けない」という葛藤）がどの程度あるかということである。例えば、家庭内の登校刺激が大きく、子どもの登校意欲が大きければ、学校からの登校刺激は小さくてよいだろう。しかし、家庭内の登校刺激が小さく、本人の登校意欲も小さい状態ならば、学校が登校刺激をする必要があるだろう（図8-1）。この状態で漫然と「様子を見る」ことを続けると、不登校が長期化する可能性があるためである。

登校刺激にこだわりすぎると、児童生徒の姿を登校時間数という量的側面からのみ捉えることになりがちである。しかし、不登校児童生徒の支援の目標は社会的自立であり（文部科学省、2019a）、教員の働きかけの成果を測定する指標は登校時間数だけではない。支援計画を作成する際は、登校刺激をするか否かにとらわれず、子どもの学習や他者とのつながりが広がっていくようにするに

---

*3　ここでは、登校刺激を、子どもに対して登校する方向に促す人、物、事柄とする。

は，どうしたらよいかということを考えたい。また，別室であっても登校さえしていればよいということではなく，そこで何をして，どのように過ごすのかということが重要である。例えば，タブレットを用いて別室から授業に参加できるようにする，SCや学生ボランティアと連携して，小集団で他者とコミュニケーションをとる経験を重ねる機会を設ける等，体験の質の充実という視点をもつことも必要である。

　子どもへのプレッシャーになることを恐れて，教員による働きかけを行わないようになると，子どもも保護者も学校から忘れられてしまったという思いをもちやすい。子どもの健康状態や家族関係の変化等を見逃すおそれもある。教員による働きかけを子どもがどのように受け止めているか，子どもの発達を促進できているかという観点からモニターしつつ，つながりをもち続けることが必要である。

2．不登校の背景

(1) 発達の凸凹と不登校

　発達に凸凹がある子どもは，繰り返し注意や叱責を受け，自己評価や自己効力感が低下し，不登校になってしまうことがある。そうならないように教員と保護者が適切な支援をすることが求められる。

　発達に凸凹がある子どもは睡眠の問題を抱えていることが少なくない。このことが欠席につながっていると思われる場合は医療機関との連携が必要であるが，見通しをもった行動ができないことや時間感覚の乏しさの影響で，就寝時刻が遅くなってしまうといった場合には，必要な睡眠時間を確保するために保護者による支援が必要である。そのような保護者のサポートをSCと連携して行っていくことができるといいだろう。

　発達に凸凹がある子どもの中には新しい環境に慣れるのに時間がかかる子どもがいる。そのような子どもはクラス替えや進学の際に，不適応感が続いたり，遅刻や早退，欠席がみられたりすることがあるが，入学の前から通学の練習を

したり，学校内を見学したりする機会を設けることが不適応感の緩和につながることがある。また，初めて経験する行事等に対して不安が強い場合は，前年度のビデオを観る，家族と予行演習をするといったことが安心につながる場合がある。できるだけ柔軟な対応ができるとよいだろう。

（2）ネットの使いすぎと不登校

　子どもたちがオンラインゲームや動画視聴を長時間行うことにより就寝時刻が遅くなり，起床が遅くなるということが続くと，遅刻や欠席が増える。不登校児童生徒の実態把握に関する調査企画分析会議（2021）によると，小中学校の不登校児童生徒の約2割が，ネットやゲームが不登校のきっかけであると回答し，約6割が学校を休んでいる間にオンラインゲームや動画視聴に時間を費やしていると回答している。

　ゲームや視聴した動画について話すことが友だちとのつながりを生む，ゲームをつくることに興味が広がるというよさがある一方で，特にオンラインゲームをやりすぎることは，健康や発達への悪影響や多額の課金，長時間使用を心配してやめさせようとする保護者に対して暴力を振るうといった問題があると指摘されている（松﨑，2023 等）。

　そういった事態を防ぐ方法のひとつが，家庭でインターネット利用に関するルールを設けることである。家庭内で利用時間の制限等のルールについて話し合い，ルールとルールを守ることができなかった際にどうするのかについて，明文化しておく。保護者が一方的にルールを決めるのではなく，子どもと一緒にネットの使い方について話し合い，困ったときに相談できるようにしておくことが大切である（吉川，2023）。

　インターネット・ゲーム障害は，発達の凸凹との関連や家族内のコミュニケーションの断裂等家族関係の問題との関連も指摘されている（宮田，2023）。リアルな世界での人間関係がうまくいかない，達成感を感じる機会が乏しいといった体験をしている子どもが，ネットの世界では多少なりともうまくいく体験を得られれば，そこから離れられなくなるのは当然といえる。ネットやゲー

ムへの過度な没頭を防ぐためには，リアルな世界の充実をはかることが大切だといえるだろう。

(3) いじめと不登校

　友人関係のトラブルにより子どもが欠席していると思われる場合は，学校内のいじめ防止対策組織に報告し，チーム学校として早急に対応することが必要である。遊び仲間や非行グループ内でのいじめは，いじめと認識されにくく，被害者が学校を欠席してもサボりとみられやすい。しかし，どのような集団内での行為であっても，いじめはいじめとして対応することが必要である。従前から欠席が多い児童生徒や学校外の交友関係がある場合は，被害を見逃してしまうおそれがあるため，スクールソーシャルワーカー（以下，SSW）や少年サポートセンター等と連携することも必要である。

　被害に遭っていると思われる子どもの気持ちを無視して介入を急ぐと，ますます子どもの安心感が損なわれることになるので，丁寧な話し合いが必要である。教員による対応に懐疑的な子どもは，対応のイメージが浮かばない，「現状を解決できるはずがない」という無力感，事態の悪化への恐れ等，さまざまな思いを抱いていることが考えられる。具体的に何を心配しているのかということを尋ね，子どもの不安に配慮した対応を提案することからはじめたい。

　加害者側と被害者側の直接の話し合いや謝罪の機会を設けるかどうかについては，被害者側の気持ちを尊重することが重要である。学校は加害者側への教育的指導として被害者側への謝罪をさせなければならないという思いや，「被害者も区切りを付けなければ登校できるようにならないだろう」という判断から，謝罪の場を設けることを急ぎがちである。しかし，学校が謝罪を急ぐことにより，被害者とその保護者が「終わったことにされた」と感じたり，「加害者への配慮を求められた」と感じたり，「早く気持ちを切替えられないのは問題だと思われている」と感じたりすることがある。また，加害者が，何がいけなかったのかを十分に理解しないまま，表面的な謝罪をすることは，被害者をさらに傷つけ，加害者の言動の改善にもつながらない。被害者が再び登校できる環境

をつくることは必要であるが，そのためには加害者が加害行為を繰り返さないこと，被害者が怯えずに過ごすことができるようにすることが求められる。

(4) 児童虐待と不登校

遅刻をせずに登校するためには，起床して身支度をして時間に間に合うように家を出るという一連のプロセスを遂行しなければならない。しかし，子どもに十分な養育が行われていない場合は，このプロセスを遂行する力を身につけることができず，登校が安定しないケースがある。登校して学習するということに関心が払われていない環境では，きょうだい全員が不登校になっている場合もあり，学校間連携や福祉機関との連携が必要である。

家庭内で大人が子どもに身体的暴力を振るっているケースでは，傷跡から虐待が発覚するのを恐れて保護者が子どもを登校させないことがあるが，欠席している間に暴力がひどくなり，子どもの心身に取り返しのつかない被害が生じることがあるので，緊急の介入が必要である。

保護者が子どもを登校させないようにしているケースの中には，学校からは不登校と思われたまま，歳月を経て，子どもが監禁されていたことが発覚するケースがある（朝日新聞，2008；2010 等）。不登校の子どもの安否確認を行い，必要に応じて児童相談所や地域の保健所，福祉事務所と連携することが求められる。教員による家庭訪問等の働きかけについて，保護者が「子どもが負担を感じている」と述べる場合や連絡を拒否する場合等は，安否確認が困難になることがあるが，担任一人で抱え込まず，養護教諭や SSW，SC，民生委員・児童委員等とも連携し，市町村の虐待対応課や児童相談所に相談する等，組織的な対応を行っていくようにしなければならない（文部科学省，2020a）。

暴力の被害に遭うということは攻撃される，力によって支配されるということである。家庭内でそのような体験をした子どもは，対人関係において「攻撃する－攻撃される」「支配する－支配される」関係性に陥りやすい。このため支援には困難を伴うが，対人関係や学習面でうまくいかない体験が積み重なると，さらに自尊心が傷つき，ほかの子どもや教員から「困った子」と思われるよう

109

な問題行動が増えるという悪循環に陥る。その結果，遅刻や欠席が増えても，周囲からは怠学や家出，非行の問題に見えるようになる。義務教育期間を過ぎてしまうと，このような子どもたちに支援を届けることは，一層困難となる。また，転居の際に児童相談所による一時保護等の情報が引き継がれず，支援が途切れ，周囲からは虐待が見えにくくなるという問題も起きている（文部科学省，2020b）。こういった事態を防ぐために躊躇せずに児童相談所との連携やSCやSSWとの連携を行い，担任が替わる際や転校・進学する際の引き継ぎを丁寧に行っていくことが求められる。

(5) ヤングケアラーと不登校

ヤングケアラーとは，「本来大人が担うと想定されている家事や家族の世話などを日常的に行っている」子ども（ヤングケアラーの支援に向けた福祉・介護・医療・教育の連携プロジェクトチーム，2022）のことである。ヤングケアラーの子どもたちは，相談しても状況は変わらないという諦めや，ケアを受けることに慣れておらず相談するということが思い浮かばないために，一人で頑張っていることが多い。このため，心身の疲労が蓄積して，本人の登校や学習への取り組み，進路選択に影響することがある。

SSWやSCと連携し，適切な社会資源につなぐことや，本人の本来の希望をいかせるような進路選択の支援をしていくことが求められる。また，すぐには家庭の状況を変えられなくても，本人の話に耳を傾ける大人がいることによって，労われ，ケアされる体験をすること，自分の人生を大事にしていいということが伝わるようにすることが必要である。

(6) 教職員の不適切な関わりと不登校

教職員による児童生徒へのわいせつ等の不適切な行為や体罰，大声で怒鳴る，ほかの児童生徒の前で恥をかかせる等の不適切な指導等により，子どもの安全・安心を脅かす事案が問題となっている。『生徒指導提要（改訂版）』（文部科学省，2022）には，教職員による不適切な指導等が不登校のきっかけになる場

合があると明記された。不適切な行為や不適切な指導は，教員が児童生徒の指導を行う立場であるという地位の優越性や，児童生徒は教職員に従うべきであるという価値観を背景としている。

実際に不適切な行為や指導を行うのは教職員のごく一部であっても，それらを防ぐ責任はすべての教職員にある。教職員が自分たちの問題として考え，話し合っていくことで，お互いの児童生徒への関わり方や指導方法について声をかけ合いやすい職員風土をつくることが求められる。

3. 高校生の不登校と中途退学

ここまで，学校種を問わず不登校の理解と支援に必要なことを述べてきたが，高校生の不登校は，小中学生に比べると原級留置との関係で比較的早い段階から欠課時数や欠席日数が問題となるため，この節では特に高校生の不登校について述べる。

(1) 未然防止の重要性

「あまり早くから登校を急かすのはよくない」という配慮から，欠課時数や欠席日数について言及することを控えがちだが，「これ以上休めば留年」という段階で伝えられると，生徒も保護者も追い詰められた気持ちになりやすい。このため，高校においてこそ，不登校の未然防止や早期対応が重要となってくる。

(2) 中学校で不登校経験のある生徒の支援

中学校で不登校経験のある生徒の進学先は限られているのが実情である。限られた選択肢の中から，すべてをリセットしたいという思いで遠方の高校を選んだものの，長時間の通学で消耗してしまうケースや，特色の強いコースを選んだものの，学習内容に興味がもてないケース等が出てくることがある。中学校卒業後の進路を考える際に，進学先の見学や体験入学をすること，春休みに通学の練習をすること等により中高の接続がスムーズに進むように支援したい。

111

中学校で使用していた不登校生徒の児童生徒理解・支援シート等を，本人と保護者の了解を得て，高校への引き継ぎ資料とすることや，中学校の SC から高校への情報提供書の発行等を通じて配慮事項について理解を求めることができるとよい（文部科学省，2019c）。入学後の生活に不安がある場合は，あらかじめ進学先の高校に相談することを促し，高校側がこれに積極的に対応していくことも不登校の予防につながると考えられる。

(3) 高校での特別支援教育

　高校における通級は 2018 年度に制度化された（文部科学省，2021）が，指導体制を整えられない等の理由で，通級を利用できている生徒は，必要としている生徒の一部にとどまっている。発達障害があり不登校となっている生徒が通信制高校に在籍している可能性も指摘されており（文部科学省，2022），不登校や中途退学の予防という観点からも高校における特別支援教育の充実が求められている。

(4) 中途退学する生徒への支援

　不登校から中途退学に至る場合には，生徒が主体的に中途退学後の進路を考えることを支援したい。例えば，転校先を決める前に見学する機会を設けるように促すことや，働きたいがどうしたらいいかわからないという場合に地域若者サポートステーション[*4]の利用を勧めること，相談機関の情報提供を行うこと等が考えられる。

4. 不登校を生まない学校づくり

　さまざまな背景をもつすべての子どもが教育を受ける権利を保障するために，学びの場を固定化されたものと捉えるのではなく，子どもたちのニーズに合わ

[*4] 地域若者サポートステーションとは，働くことに悩みを抱えている 15 〜 49 歳までの人を対象に，就労に向けた支援を行う機関である（厚生労働省）。

第 8 章 安心して学ぶことのできる学校とは？

せて，学びの場や方法を選ぶことができるように支援していくという柔軟性が求められている。

不登校を生まない学校づくりとは，すべての子どもにとって安全・安心な学校をつくろうということである。それは，子どもを「こうあるべき」という型にはめ込もうとすることはやめようということでもある。

不登校児童生徒数が年々増加しているということは，学校のありようが問われているということである。しかし，そのことは不登校の子ども一人ひとりの発達課題や，おかれている環境に注目しなくていいということを意味するものではない。むしろ，多様な子どもたちを包摂する学校づくりをしながら，一人ひとりの発達段階に合わせた指導・支援を行うという姿勢が求められている。

すべての子どもたちにとって，安心して人と絆をつくり，学ぶことのできる学校とは，どのようなところであろうか。これから，考え続けてほしい。

引用文献

朝日新聞 (2008).「母親，娘を 8 年『監禁』 相談に市側対応せず」朝日新聞 札幌 10 月 30 日夕刊, 16.
　https://xsearch.asahi.com/kiji/detail/?1715061385093（2024 年 5 月 7 日閲覧）
朝日新聞 (2010).「少年とは会えず『不登校』と判断 学校側が会見 練馬・中 3 監禁／東京都」朝日新聞 東京西部 6 月 4 日朝刊, 29.
　https://xsearch.asahi.com/kiji/detail/?1715061210705（2024 年 5 月 7 日閲覧）
厚生労働省「地域若者サポートステーション」
　https://www.mhlw.go.jp/stf/seisakunitsuite/bunya/koyou_roudou/jinzaikaihatsu/saposute.html（2024 年 10 月 13 日閲覧）
子どもの発達科学研究所・浜松医科大学子どものこころの発達研究センター（2024）．「文部科学省委託事業 不登校の要因分析に関する調査研究 報告書」
　https://kohatsu.org/pdf/futoukouyouin_202408_a6.pdf（2024 年 9 月 5 日閲覧）
不登校児童生徒の実態把握に関する調査企画分析会議（2021）．「不登校児童生徒の実態把握に関する調査報告書」
　https://www.mext.go.jp/content/20211006-mxt_jidou02-000018318_03.pdf（2024 年 1 月 24 日閲覧）
松﨑尊信（2023）．ゲーム行動症とはなにか．そだちの科学，(40)，19-24.
宮田久嗣（2023）．アディクション（嗜癖）としてのゲーム症．そだちの科学，(40)，25-29.
文部科学省（2016）．「義務教育の段階における普通教育に相当する教育の機会の確保等に関する法律の公布について（通知）」28 文科初第 1271 号．別添 1 義務教育の段階における普通教育に相当す

る教育の機会の確保等に関する法律（概要）
　　https://www.mext.go.jp/a_menu/shotou/seitoshidou/1380956.htm（2024 年 1 月 31 日閲覧）
文部科学省（2019a）.「不登校児童生徒への支援の在り方について（通知）」元文科初第 698 号
　　https://www.mext.go.jp/a_menu/shotou/seitoshidou/1422155.htm（2024 年 2 月 25 日閲覧）
文部科学省（2019b）.「不登校児童生徒への支援の在り方について（通知）」元文科初第 698 号. 別添
　　1　児童生徒理解・支援シート（参考様式）
文部科学省（2019c）.「不登校児童生徒への支援の在り方について（通知）」元文科初第 698 号. 別添
　　2　児童生徒理解・支援シートの作成と活用について
　　https://www.mext.go.jp/content/1422155_003.pdf（2024 年 2 月 25 日閲覧）
文部科学省（2020a）.「学校・教育委員会等向け虐待対応の手引き・本体」令和 2 年 6 月改訂版
　　https://www.mext.go.jp/content/20200629-mxt_jidou02-100002838.pdf（2024 年 2 月 25 日閲覧）
文部科学省（2020b）.「学校現場における虐待防止に関する研修教材」
　　https://www.mext.go.jp/a_menu/shotou/seitoshidou/__icsFiles/afieldfile/2020/01/28/20200128_mxt_
　　kouhou02_01.pdf（2024 年 3 月 19 日閲覧）
文部科学省（2021）.「学校教育法施行規則の一部を改正する省令等の公布について（通知）」2 文科初
　　第 2124 号
　　https://www.mext.go.jp/content/20210407-mxt_koukou01-000013541_01.pdf（2024 年 10 月 10 日
　　閲覧）
文部科学省（2022）. 生徒指導提要（改訂版）
　　https://www.mext.go.jp/content/20230220-mxt_jidou01-000024699-201-1.pdf（2024 年 2 月 26 日閲
　　覧）
文部科学省（2023a）.「令和 4 年度　児童生徒の問題行動・不登校等生徒指導上の諸課題に関する調査
　　結果について」
　　https://www.mext.go.jp/content/20231004-mxt_jidou01-100002753_1.pdf（2024 年 10 月 10 日閲覧）
文部科学省（2023b）.「令和 5 年 7 月 10 日児童生徒の自殺予防に係る取組について（通知）」5 初児生
　　第 4 号
　　https://www.mext.go.jp/a_menu/shotou/seitoshidou/1414737_00006.htm（2024 年 9 月 5 日閲覧）
文部科学省（2023c）.「誰一人取り残されない学びの保障に向けた不登校対策について（通知）」4 文科
　　発第 2817 号
　　https://www.mext.go.jp/content/000320701.pdf（2024 年 10 月 10 日閲覧）
八木淳子（2023）. 逆境を生きる子どものこころを聴く 2　いじめのトラウマを生き延びる（前編）そ
　　だちの科学, （41）, 133-139.
ヤングケアラーの支援に向けた福祉・介護・医療・教育の連携プロジェクトチーム（2022）.「ヤング
　　ケアラーの支援に向けた福祉・介護・医療・教育の連携プロジェクトチーム報告」
　　https://www.mext.go.jp/content/20210521-mxt_jidou02-000015177_b.pdf（2024 年 2 月 25 日閲覧）
吉川徹（2023）. 発達障害とゲームの関係性──ゲームが好きな子どもの世界に近づくために. そだち
　　の科学, （40）, 2-10.

第 9 章

児童生徒が SNS やインターネットとうまく関わっていくためには？
—— 性が関わる課題やトラブルも含めて考える

<<< 　学習のポイント　 >>>

- 学校教育におけるインターネット，ICT 教育の現状について理解する。
- SNS 等の利用によって生じる課題やトラブルについて理解する。
- 学校における保健学習としての性教育の取り扱いについて理解する。
- 性に関わる予防すべきトラブルについて理解する。
- インターネットや性に関わる生徒のトラブルや課題への対処方法について理解する。

> 昼休みに教室の後ろのスペースで数人の生徒が音楽に合わせて踊っている。以前から休み時間に練習しているところを見かけたことがあった。とても上手で，また楽しそうである。その様子を撮影した生徒が動画ファイルをSNSにアップロードし，友だち同士の範囲を超えて学校外にも拡散されていった。あなたはこの動画撮影の現場を目撃したとき，教師としてどのように関わるのが適切だと考えるか？

1. インターネットと子どもたち

　現代の子どもたちにとって，インターネットは以前のテレビやラジオのように，毎日の生活の中で最も身近な娯楽のひとつであり，最も手軽なコミュニケーションの手段となった。インターネットを通じて，ゲームや動画，音楽等にアクセスし，家族や友だちとのコミュニケーションに利用している。学習面においても，調べ物をしたり，教育的なコンテンツにアクセスしたりと，有用なツールとしての活用も期待できる。一方で，インターネットはすべてが安全な世界というわけではなく，健全に活用できるようにするためには教育やサポートが必要となる（図9-1）。

(1) インターネットの普及と学校教育

　わが国においてインターネットが一般的に普及しはじめたのは1990年代からである。当時は電子メールや文字情報が中心のウェブサイトの利用が中心であった。その後，通信速度の高速化，利用できる機器の普及，さまざまなウェブサービスの開発等により，インターネットの利用が今日では生活の一部になった。このような社会の情報化が進む中，学校においてもインターネット技術を含むICT（Information and Communication Technology）教育が進められてきた。

第 9 章　児童生徒が SNS やインターネットとうまく関わっていくためには？

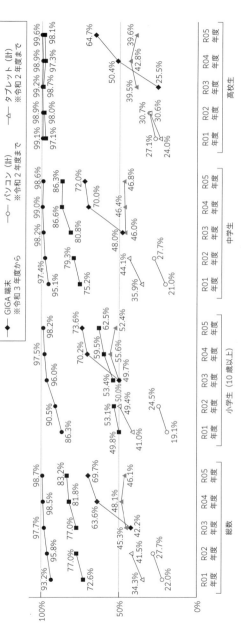

図 9-1　青少年のインターネット利用率の経年比較

注1）回答した青少年全員をベースに集計。回答者は以下のとおり。（下記の小学生は、10 歳以上）
　　令和 5 年度：総数（n=3279）　小学生（n= 953）　中学生（n=1259）　高校生（n=1048）
　　令和 4 年度：総数（n=3230）　小学生（n= 975）　中学生（n=1223）　高校生（n=1019）
　　令和 3 年度：総数（n=3395）　小学生（n=1101）　中学生（n=1318）　高校生（n= 967）
　　令和 2 年度：総数（n=3605）　小学生（n=1100）　中学生（n=1407）　高校生（n=1083）
　　令和元年度：総数（n=3194）　小学生（n=1081）　中学生（n=1241）　高校生（n= 868）

注2）「スマートフォン（計）」は、「スマートフォン」、「格安スマートフォン」、「子供向けスマートフォン」、「契約切れスマートフォン」のいずれかを利用すると回答した青少年。「パソコン（計）」は、「ノートパソコン」、「デスクトップパソコン」のいずれかを利用すると回答した青少年。「学習用携帯用タブレット」、「子供向け携帯用タブレット」のいずれかを利用すると回答した青少年。「タブレット（計）」は、「タブレット」、「学習用携帯用タブレット」、「子供向け携帯用タブレット」のいずれかを利用すると回答した青少年。令和元年度及び令和 2 年度は、「スマートフォン（計）」、「タブレット（計）」のいずれかを使用している場合もあるため、合計値が 100% とならない。

出所：こども家庭庁（2024）をもとに作成。

117

(2) GIGA スクール構想

　2019 年，文部科学省は「GIGA スクール構想」として，「1 人 1 台端末」「高速大容量の通信ネットワークの整備」等の計画を発表した。その後，新型コロナウイルス感染症の感染拡大を受け，2020 年に緊急的にその導入を進めることが決定され，当該年度に前倒し的な整備が行われ，結果として当初計画よりも早い時期に「1 人 1 台端末」，「高速大容量の通信ネットワークの整備」が実現されることとなった。

　この構想により，1 人 1 台端末環境が実現したことで，日常の授業の中でも ICT の活用が加速度的に進み，学校や教室においてもタブレットやノート PC の利用が当たり前になったことはわが国の学校教育において大きな前進であるといえる。ハードウェア環境の整備が進められる一方で，指導体制の在り方や ICT を活用した指導力の向上，デジタル教科書の利活用等，さまざまな検討課題がある。電子教科書や AI ドリル等のデジタルならではの学びの充実をはかることは Society5.0 時代を生きる子どもたちにとって必要な学び方であり，多様な子どもたちを誰一人取り残すことのない，公正に個別最適化された学びや創造性を育む学びの実現に向けての重要な施策のひとつであるといえる。

2. インターネットに関わる課題やトラブル

　学校における ICT 教育の推進により，子どもたちはタブレットや PC の操作に習熟し，インターネットに接続した機器をさまざまに利活用することが期待されている。実際，普段の生活の中でもスマートフォン等の機器が身の回りにあり，ゲーム機がインターネットに接続していることも特別な環境ではなく

---

*1　Society5.0 とは，内閣府によると狩猟社会（Society1.0），農耕社会（Society2.0），工業社会（Society3.0），情報社会（Society4.0）に続く新たな社会であり，サイバー空間とフィジカル空間を高度に融合させたシステムにより，経済発展と社会的課題の解決を両立する人間中心の社会として提唱されている。

第 9 章　児童生徒が SNS やインターネットとうまく関わっていくためには？

なった。その一方で，インターネットを無防備に利用してしまうと，犯罪やトラブルにつながるケースもあり得ることから，学校や家庭，関係機関が連携して重大なトラブルや事案・事件にならないように十分な指導を行うことが重要である。

（1）顔の見える範囲での課題やトラブル

インターネットを利用して，メッセージや画像を送ったり，予定を共有したりする機能は大変便利である。仲のよい友だちとコミュニケーションをとることは子どもたちにとって何より楽しいことであるが，トラブルにつながらないように気を付けておくべきポイントがある。

まず時間の管理とルールづくりが挙げられる。ダイレクトメッセージの送信やチャット機能等に熱中してしまい，夜遅くまで起きていたり，そのために睡眠不足で日中ずっと眠かったりするなど，インターネット依存症を疑われるような事例が数多く報告されている。あらかじめ家庭でルールを決めておき，1日の使用時間や使用してもよい時間帯，どのようなアプリを使い，してはいけないことは何かを明確にしておくことが必要であり，そのためにも学校が保護者に情報提供を行ったり，ルールづくりの大枠を提案したりすることも有効な方策である。

また，メールやチャット等でメッセージや画像を送受信する際の言葉遣いや画像の加工等により，意図せず不快な感情等を生じさせる場合がある。何気なく書かれた短いテキストメッセージを冷たく感じたり，馬鹿にされたように感じたりするケースがあったり，友だち同士で撮影した写真を許可なく別の友だちに送信したことでトラブルになるケースもある。ちょっとした悪戯心による操作や不慣れなためにしてしまった操作により，普段は親しい友だちとの間であっても，インターネット上でのコミュニケーションにおいては，当初想定しなかったような大きな問題に発展することもあり得る。また，悪意のある誹謗中傷等の"ネットいじめ"や"SNS いじめ"の問題も深刻化している。

(2) 顔の見えない範囲での課題やトラブル

　インターネットを利用すると，学校や地域での交友範囲を超えて，さまざまな人と交流をしたり，サービスを利用したりすることができるが，重大な被害につながるおそれもある。

① 課金に関するトラブル

　ゲームやネット広告等で課金をしてしまうケースが小学生でも起こっていることが報道されている。このようなトラブルの多くは，保護者のアカウントが設定されたスマートフォンやタブレットを使用してインターネットに接続し，そのアカウントにクレジットカード情報が紐づけされていたため，課金や決済が可能になっていることが多いようである。子どもが使用するスマートフォンやゲーム機のアカウントの権限を適切に管理すること，インターネットの閲覧ではフィルタリング機能を導入すること等が対策として挙げられる。

② 画像や動画，個人情報に関するトラブル

　インターネット上での画像や動画の取り扱いには十分に注意を払わなければならない。デジタル化された画像や動画は簡単にコピーや加工をすることができ，一度画像がインターネット上に流出するとすべてを削除することは非常に困難である。これはいわゆる"デジタルタトゥー"と呼ばれ，画像以外でもSNS上に投稿したテキストメッセージやSNS機能による転送・拡散の記録も含まれる。

　素性のわからない人に個人情報を漏らさないことは基本中の基本であるが，SNSに投稿した画像の背景や映り込んだ建物等から類推され，個人情報や住所を特定されることがあり得ることを知っておくことも大切である。アルバイト中等に悪ふざけをした動画や画像の投稿がネット上に拡散され，個人を特定されたり損害賠償の責任を問われたりする場合もある。

③ ストーカーや性に関する被害

　インターネットを通じて知り合った人からストーカー行為や性犯罪の被害に遭うケースも多々ある。このような児童生徒の健全な育成を阻害する犯罪行為

は福祉犯罪と呼ばれる。ストーカー行為や性犯罪に関わる加害者は「グルーミング」と呼ばれる手法で，被害者となり得る子どもに近づく場合が多い。SNSやゲームのチャット機能等を使ったオンライン上で行われるグルーミングの特徴として，偽のプロフィールを作成して年齢や性別を偽ったり，子どもが知りたがるような情報（ゲームのテクニックや芸能人の話題等）を提供したりすることで，"インターネットで知り合った魅力的な友だち"を装い，信頼関係を築こうとする。日常的なあいさつやテキストメッセージのやりとりを経て，個人情報を聞き出したり，自画撮りの画像の交換，位置情報アプリの利用等を勧めてきたり，さらには性に関わる画像（下着姿や裸等）を送るように指示してきたりすることもある。

こういった事案に関して子どもから相談があったときは，子どもを責めるのではなく，被害相談，被害者支援という姿勢で対応することが必要である。

また，前述では児童生徒が被害者となるケースを想定しているが，児童生徒自身が加害者になるケースも考えられる。[*2]

性に関わる加害行為については，その他のいじめや暴力行為と同様に，すべての学校関係者が切実に受け止め，決して軽んじることがないよう，問題意識を共有し，毅然とした対応をとることが必要である。また，必要に応じて警察，児童相談所，少年サポートセンター，法務少年支援センター，医療機関等と連携することが求められる。

3. 性・思春期・学校教育

思春期とは，一般的に子ども期と成人期の間の時期を指している。年齢で一律に区切ることは難しいが，大まかに分けると 10 代前半から後半にかけての

---

*2　成人が子どもに対し，性的な画像を送るように求めたり，送られた画像を保存したりした場合には，刑法第 182 条における「16 歳未満の者に対する面会要求等の罪」や児童買春・児童ポルノ禁止法違反に問われる可能性がある（なお，この法律における「児童」とは 18 歳に満たない者をいう）。

期間となる。産科婦人科領域においては，女性の思春期を「第2次性徴出現から初経を経て月経周期がほぼ順調になるまでの期間」と定義しており（日本産婦人科医会，2024），生殖機能を獲得する時期を指している。男性においても声変わりやひげの出現，精巣におけるテストステロンの生産増加の時期にあたる。

（1）思春期とは何か

　思春期は，第二次性徴の出現および第二発育急進期による発育のスパートがあり，著しい発育発達が起こる時期である。同時に「自分らしさ」の確立を課題としてさまざまな試行錯誤を繰り返し，少しずつ知識や経験を増やしながら葛藤と成長を遂げていく。

　思春期における体つきの変化から，自身の性に対する意識や性への関心が高まることがある。身体面において，女性の場合は，初めての月経（初経）を迎え，卵胞や黄体等の性周期に関わる内分泌系や諸器官が発達し，少しずつ排卵と月経が周期性をもつようになる。形態面においても乳房が膨らみ，身体全体が丸みを帯びる等，大人の体つきに近づく。男性の場合は，精巣の発達により射精が起こるようになる。射精によって精液が体外に排出される際，性的な快感が伴う。この快感を求めて，自慰行為（マスターベーション）をするようになる男性も多い。

（2）学校性教育の現状

　学校教育の中で教科として行われる性に関する指導としては，体育科・保健体育科における保健の授業がある。これらは学習指導要領に基づき，児童生徒が性に関して正しく理解し，適切な行動をとれるようにすることを目的に行われている。

　学習内容については，「発育発達としての生殖機能」と「性的接触に伴う感染症」に大別される。小学校では4年生において，心身の発達の段階として，体つきの変化や生殖機能の発達について学ぶ。中学校では，生殖に関わる内分泌の働きや感染症学習のひとつとして性的接触に伴う感染症（性感染症）や後天

性免疫不全症候群（エイズ）について学習する。高校段階では，生涯を通じる健康についての学習の中で，生涯の各段階に応じた健康課題のひとつとして，性に関する学習内容が含まれている（受精，妊娠，出産とそれに伴う健康課題，家族計画の意義，人工妊娠中絶の心身の影響等）。

　性に関わる指導に際しての配慮事項として，①発達の段階を踏まえること，②学校全体で共通理解をはかること，③保護者の理解を得ること，④事前に集団で一律に指導（集団指導）する内容と個々の児童生徒の状況等に応じて個別に指導（個別指導）する内容を区別しておく等計画性をもって指導すること，が大切である。近年は，性に関する課題が多様化しており，保健の授業のみならず，学校教育活動全体を通じて指導することが期待されており，男女相互の理解と協力の観点からも，体育科・保健体育科のほか，社会科，技術・家庭科，道徳科等の学習や学級活動等とも関連させて，幅広く考える機会を設け，個人差等にも留意しつつ，適時，適切な指導を行うことが必要である。

4. 性に関わる課題やトラブル

(1) 10代の妊娠

　わが国における全出生数のうち，母親の年齢が15〜19歳である割合について，近年では2000年の1.7%が最も高く，2021年では0.7%である（図9-2）。これは15〜19歳の千人に2.1人が出産しているということを示す。

　若年での妊娠について，特に学校に通っているケースでは"望まない妊娠"と呼ばれることがあったが，近年では，"望まない妊娠"という表現が潜在的な差別意識（胎児の命を望まない）を含んでいるとの指摘から，"予期しない妊娠"や"思いがけない妊娠"が用いられるようになった（日本思春期学会，2021）。予期しない妊娠をした場合，妊娠を放置したまま危険な状況に陥ったり，新生児を遺棄してしまったりするケースもある。中絶件数について統計的に見ると，20歳未満の人工妊娠中絶実施率は，2001年頃をピークに減少傾向にある（図9-3）。

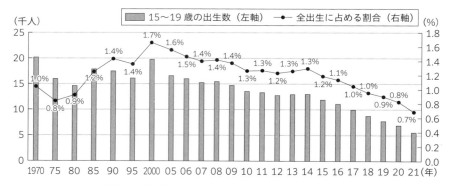

図 9-2　母親の年齢が 15 〜 19 歳の出生数および全出生に占める割合
出所：国立社会保障・人口問題研究所（2023）をもとに筆者作成。

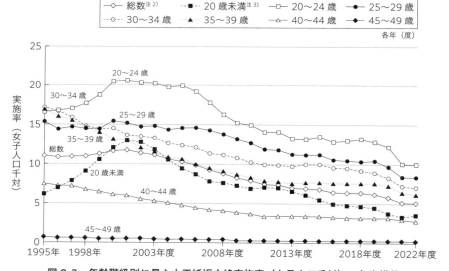

図 9-3　年齢階級別に見た人工妊娠中絶実施率（女子人口千対）の年次推移

注 1）2001 年までは「母体保護統計報告」による暦年の数値であり、2002 年度以降は「衛生行政報告例」による年度の数値である。また、2010 年度は、東日本大震災の影響により、福島県の相双保健福祉事務所管轄内の市町村が含まれていない。
注 2）「総数」は、分母に 15〜49 歳の女子人口を用い、分子に 50 歳以上の数値を除いた人工妊娠中絶件数を用いて計算した。
注 3）「20 歳未満」は、分母に 15〜19 歳の女子人口を用い、分子に 15 歳未満を含めた人工妊娠中絶件数を用いて計算した。
出所：厚生労働省（2024）をもとに作成。

第9章　児童生徒がSNSやインターネットとうまく関わっていくためには？

　10代での妊娠は，その後のケアや支援が十分でない場合，精神的に大きなリスクを抱え，社会的な孤立や不適応を抱え，長期間にわたって"生きにくさ"を抱えることもある。妊娠がわかった場合には，自業自得であるとか自己責任であると，一人で抱え込んでしまうことも少なくない。もし予期しない妊娠をした場合は，周囲がしっかりと支え，必要かつ十分な情報をわかりやすく提供し，時間をかけて寄り添う必要がある。[*3]学校現場での対応として，妊娠を理由に懲戒として退学処分を行うことはなく，母体の保護を最優先としつつ，教育上必要な配慮を行うべきである。本人の体調や妊娠の継続選択等を踏まえ，学校生活上の配慮を検討するとともに，当該生徒の希望する進路に応じて適切な情報提供を行うようにする。

(2) 性感染症

　性的な接触や行為を介して感染する病気を性感染症といい，STD（Sexually Transmitted Diseases）と呼ぶこともある。ウイルスや細菌，真菌，原虫が性器や肛門，口腔等に接触することで感染することから，異性間・同性間を問わず，性行為の経験者であれば誰でも感染している可能性がある。性器クラミジア感染症等の自覚症状に乏しい病気もあり，気づかないうちに感染を広げてしまうこともある。感染に気づかずに放置すると男女ともに不妊症になったり重症化したりする可能性がある。ほとんどの性感染症に関しては検査も治療方法も確立されており，感染が疑われる場合は速やかに医療機関を受診することが大切である。

(3) LGBTQ+

　LGBTQ+とは，性的指向，性自認に関する英語用語（Lesbian, Gay, Bisexual,

＊3　在学中に妊娠した生徒への具体的な配慮・対応についてはケースバイケースであるが，基本的な対応の考え方については文部科学省（2018）「公立の高等学校における妊娠を理由とした退学等に係る実態把握の結果等を踏まえた妊娠した生徒への対応等について（通知）」を参考にしてほしい。

Transgender, Queer/Questioning）の頭文字をとった略語である。レズビアンは女性に惹かれる女性，ゲイは男性に惹かれる男性，バイ・セクシャルは両性愛者，トランスジェンダーは出生時の性別と性同一性が異なり性的違和を有する人，クィアは性的マイノリティの総称，クエスチョニングは性自認や性的指向について，わからない，意図的に決めていないことを意味する。また，LGBTQ+の「＋」には，LGBTQに分類されないさまざまな性の意味がある。類似の用語として，性的指向（Sexual Orientation）と性自認（Gender Identity）の頭文字をとったSOGIがある。これに性的表現（Gender Expression）と性的特徴（Sexual Characteristics）を加えて，SOGIESCという用語も使用される場合がある。性的マイノリティに関連する自己認識は変動することがあり得るものとされているため，強い先入観をもたず，その時々の状況に応じた支援が必要となる。

（4）性暴力

　性暴力は，性犯罪やセクシャルハラスメント，デートDV[*4]等により，被害者の尊厳を著しく踏みにじる行為であり，その心身に長期にわたり重大な悪影響を及ぼす。その根絶に向けて，誰もが性犯罪・性暴力の被害者にも加害者にも傍観者にもならないように社会全体でこの問題に取り組む必要がある。

　文部科学省では「『生命の安全教育』指導の手引き」を作成し，各種学校における教育課程内外のさまざまな活動を通じて，生命の尊さを学び，性暴力の根底にある誤った認識や行動，また，性暴力が及ぼす影響等を正しく理解した上で，生命を大切にする考え方や，自分や相手，一人ひとりを尊重する態度等を発達段階に応じて身につけることを目指している（文部科学省，2023b）。

＊4　交際中のカップル間で起こる暴力を意味する。なお，DV（domestic violence）は婚姻関係にある相手から振るわれる暴力を意味する。

第9章　児童生徒が SNS やインターネットとうまく関わっていくためには？

5. インターネットや性に関わる課題・トラブルに学校はどのように対応・対処すればよいのか

(1) 学校・教師としての対応・対処

　学校教育の中で情報モラルについてしっかりと指導し，子どもたちにインターネットを利用する際のマナーや遵守事項，絶対にしてはいけないこと（誹謗中傷やなりすまし，悪意のある悪戯等）に関するルールを明確に指導し，発達段階や各種学校の特性に合わせて学校全体で取り組むことが大切である。

　特にインターネットや SNS に関して，「ネットいじめ」や「SNS いじめ」が生じないように"絶対にしてはいけないこと"として日頃から適切な指導に努め，重大な事態に至らないように最大限の注意を払う必要がある。公開を制限した SNS 上や非公式サイト（いわゆる学校裏サイト）を利用して，特定の子どもを誹謗中傷したり，他人になりすまして悪意のあるメッセージや画像を投稿したりする事例も報告されている。文部科学省（2023a）の「令和4年度　児童生徒の問題行動・不登校等生徒指導上の諸課題に関する調査結果について」において，「パソコンや携帯電話等を使ったいじめ」は 23,920 件（総認知件数に占める割合は 3.5%）報告されており，件数自体は前年度から増加傾向にある（前年度 21,900 件，総認知件数に占める割合は 3.6%）。万一「ネットいじめ」や「SNSいじめ」に関わるような情報が得られた場合は，迅速かつ適切な対応をとる体制を整えておく。具体的には，通常のいじめと同様に，被害児童生徒へのケアとして面談の実施や緊急時の対応確認を行う等，被害児童生徒に寄り添った支援が行えるようにする。また，加害児童生徒への聞き取りや背景事情の聴取を行う。いじめは絶対に許されない行為であることを粘り強く指導するとともに，加害児童生徒に対しても悩みや問題を抱えていないか，個別の事例に応じて十分な配慮が求められることを学校全体で認識し，指導体制の充実をはかる。

　性に関するトラブルについても，SNS をはじめ，インターネットを通じて知り合った人から被害に遭うことが多い。このような被害に遭わないためにも，インターネット上では年齢や性別，プロフィールを偽ることができること，信

127

頼している相手であってもインターネット上で知り合った人に個人情報や自分の画像を送ってはいけないこと等を子どもたちに指導し，もし被害につながるような心当たりがある場合は速やかに相談するように日頃から適切な指導をすることが大切である。また，学校生活においても，盗撮等の性的なトラブルが起こり得る。性的な目的での盗撮行為は，犯罪行為であり，2023年7月に施行された「性的姿態撮影等処罰法」により処罰される可能性がある。

学校教育における性に関する指導については，体育科・保健体育科の授業や教材，性教育に関連した特別活動等について，学習指導要領および性教育に関する手引き・ガイドライン等を参考に，各種学校の特性に合わせて工夫し，またその教育内容を学校全体で共有する体制を整えるようにする。あわせて，教職員を対象とした性教育を含んだ健康教育に関わる研修の機会を充実させ，個人の一方的な思いや経験に頼らず，適宜，最新の知見にアップデートし，学校全体でのリテラシーを高める取り組みが望まれる。

性的マイノリティに関する大きな課題は，当事者が社会の中で偏見の目にさらされ，いじめや差別，場合によっては自死につながるおそれがあるということである。このことは「いじめ防止対策推進法」に基づく「いじめ防止等のための基本的な方針」の中にも位置づけられており，教職員への正しい理解の促進や学校として必要な対応について周知することが求められている（文部科学省，2017）。生徒指導の観点からも，児童生徒に対して日常の教育活動を通して人権意識の醸成をはかることが重要である。

（2）外部機関との連携

インターネットや性に関わるトラブルについては，未然防止・早期発見の観点から，保護者との連携をとり，関係機関や地域の協力を得ながら情報の収集やインターネットの巡回活動等を実施し，国や教育委員会が作成するマニュアルや手引きを踏まえた計画的で組織的な体制づくりを進めるようにする。「青少年インターネット環境整備法」が施行されており，フィルタリング機能の普及や有害情報を閲覧する機会の低減等，児童生徒が安全にインターネットを利

第 9 章　児童生徒が SNS やインターネットとうまく関わっていくためには？

用できる環境の実現を目指して社会全体で取り組んでいくことが行政的にも望まれている。犯罪被害防止の観点からも必要時には警察や自治体，民間団体や NPO が主催する研修会や研修資料等も参考にするとよい。

　性に関する指導に関しては，産婦人科医や助産師等の外部講師の活用を検討し，保護者等の理解を得ながら，適切な指導ができるよう学校全体で計画的に進めることが重要である。もし，児童生徒から性に関する相談が寄せられたり，性に関わるトラブルや福祉犯罪についての情報が得られたりした場合には，児童生徒が安心して話せる環境において適切な聞き取りを行うようにする。詳細については無理に聞き出したりせず，必要に応じて専門機関と連携して対応する。その際は，情報共有の可否についても当該児童生徒の同意を得るようにする。性被害者のための「性犯罪・性暴力被害者のためのワンストップ支援センター」が全国に設置されている。

　冒頭の問いで示したダンス動画は想像を超えて拡散された。ダンスを踊っていた生徒は一躍有名人のようになった。これをきっかけに，ほかの生徒も撮影した動画を SNS にアップロードするようになり，学校内で流行のようになった。その内容はダンスにとどまらず，歌やスポーツ等多様化した。アップロード先も友だち同士限定の SNS から閲覧範囲の制限をかけないものへ投稿する生徒も出てきた。
　インターネットやスマートフォンは現代社会にとって欠かせないテクノロジーであり，SNS を通じた交流も若者にとって重要なコミュニケーション手段である。一方で，インターネットや性に関わるトラブルを防ぐことも学校教育の役割である。あなたが教師ならば，どのような指導が必要だと考えるか？

引用文献

厚生労働省（2024）.「令和 4 年度衛生行政報告例の概況」
　https://www.mhlw.go.jp/toukei/saikin/hw/eisei_houkoku/22/（2024 年 5 月 8 日閲覧）
国立社会保障・人口問題研究所（2023）.「人口統計資料集（2023）」改訂版

https://www.ipss.go.jp/syoushika/tohkei/Popular/P_Detail2023RE.asp?fname=T04-07.htm（2024 年 5 月 8 日閲覧）

こども家庭庁（2024）．「令和 5 年度　青少年のインターネット利用環境実態調査　調査結果（速報）」
https://www.cfa.go.jp/assets/contents/node/basic_page/field_ref_resources/9a55b57d-cd9d-4cf6-8ed4-3da8efa12d63/fc117374/20240226_policies_youth-kankyou_internet_research_results-etc_09.pdf（2024 年 3 月 13 日閲覧）

日本産婦人科医会「思春期とは」
https://www.jaog.or.jp/note/思春期とは/（2024 年 5 月 8 日閲覧）

日本思春期学会（編）（2021）．思春期学基本用語集．講談社

文部科学省（2017）．「いじめ防止等のための基本的な方針」
https://www.mext.go.jp/content/20240329-mext_jidou02-000034502_006.pdf（2024 年 5 月 8 日閲覧）

文部科学省（2018）．「公立の高等学校における妊娠を理由とした退学等に係る実態把握の結果等を踏まえた妊娠した生徒への対応等について（通知）」29 初児生第 1791 号
https://www.mext.go.jp/a_menu/shotou/seitoshidou/1411217.htm（2024 年 5 月 8 日閲覧）

文部科学省（2019）．「GIGA スクール構想の実現について」
https://www.mext.go.jp/a_menu/other/index_00001.htm（2024 年 3 月 13 日閲覧）

文部科学省（2023a）．「令和 4 年度　児童生徒の問題行動・不登校等生徒指導上の諸課題に関する調査結果について」
https://www.mext.go.jp/content/20231004-mxt_jidou01-100002753_1.pdf（2024 年 10 月 10 日閲覧）

文部科学省（2023b）．「『生命（いのち）の安全教育』指導の手引き」
https://www.mext.go.jp/a_menu/danjo/anzen/index2.html（2024 年 3 月 13 日閲覧）

第 10 章

虐待から子どもを救うためには
どうしたらよいのか？
—— 児童虐待の現状と対応

≪≪≪　学習のポイント　≫≫≫

- ✅ 児童虐待の現状について理解する。
- ✅ 児童虐待の定義について理解する。
- ✅ 児童虐待の予防や早期発見，早期対応の方法について理解する。
- ✅ 虐待を受けた子どもへの対応の仕方を理解する。

近年，児童虐待をめぐる痛ましい事件についての報道を耳にすることも多い。学校において日常的に子どもと接する大人として，あなたは虐待を受けている子どもに気づくことができるだろうか。教職員は虐待を発見しやすい立場にあるといわれている。日々の児童生徒との関わりの中で，「あれ，この子様子がおかしいな？」と子どもの様子に違和感を抱くことや，保護者の子どもへの対応の仕方に疑問を抱くことがあるかもしれない。では虐待とはどんな行為のことをいうのだろうか。思いつく限り挙げてみよう。

1. 児童虐待とは

(1) 児童虐待の現状と関連する法律

　日本における児童虐待は，統計的にみても増加の一途を辿っている。こども家庭庁（2024）によると，2022年度の児童相談所（全国232か所）における児童虐待相談対応件数は，214,843件であり，過去最多となっている（図10-1）。前年度と比較すると7,183件（3.5%）の増加となり，毎年増加している。相談の内容別件数は，多い順に，心理的虐待128,114件（59.6%），身体的虐待49,464件（23.0%），ネグレクト34,872件（16.2%），性的虐待2,393件（1.1%）となっている。相談の経路は，警察等（52.3%）が約半数を占め，次いで近隣知人（10.3%），家族親戚（8.3%），学校（6.9%）の順である。この件数の増加の背景にあるものは，日本の児童虐待の悪化という否定的な側面だけではない。児童虐待の未然防止が社会の中で浸透し，多くの人の意識の高まり等によって，これまで見過ごされていた虐待が相談対応につながること，発見されることが以

---

*1　過去の数値やほかの関連項目も含めた詳細なデータは次の「令和4年度　児童相談所における児童虐待相談対応件数」を確認してほしい。

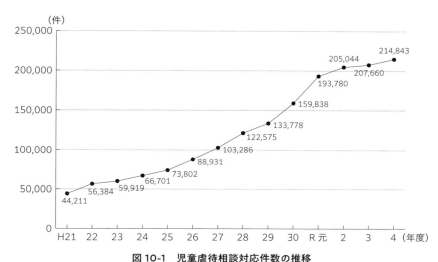

図 10-1　児童虐待相談対応件数の推移
出所：こども家庭庁（2024）をもとに作成。

前よりも可能になっているという肯定的側面も考えられる。

　しかし，児童虐待への対応はまだ十分ではなく，さらなる体制の整備は急務である。児童虐待に関連する法律は，「児童福祉法」と「児童虐待の防止等に関する法律」（以下，「児童虐待防止法」）があり，これらの法律は，児童を取り巻く状況，または児童虐待を取り巻く状況に応じて改正がなされてきた。児童虐待においては，この2つの法律に基づいた対応が求められる。

　児童福祉法は，すべての児童が心身ともに健やかに育成されるための児童の福祉を支援する法律であり，近年では，2022年に改正児童福祉法が成立した。この改正児童福祉法によって整備・展開される事業等は，すべての子どもやその保護者，家庭を対象とした予防的支援から，支援を必要とする子どもやその保護者，家庭まで，さらに妊産婦から子ども・若者とその保護者までといった切れ目のない支援であり，児童虐待防止への一助となることが期待される。また，児童虐待防止法についても，2019年の改正により，親権者等による体罰禁止が法定化された。これは，身体的虐待に関連するもので，保護者によって「しつけ」と称して行われる体罰による子育てが行われないよう規定されたもので

133

表 10-1　児童虐待の定義

身体的虐待	児童の身体に外傷が生じ，または生じるおそれのある暴行を加えること。 具体的には，殴る，蹴る，熱湯をかける，冬に外に締め出す，意図的に子どもを病気にさせるなど。
性的虐待	児童にわいせつな行為をすることまたは児童をしてわいせつな行為をさせること。 具体的には，子どもへの性交，性的暴行，性的行為の強要，性器を触る・触らせる，性器や性交を見せる，ポルノグラフィの被写体になることなどを子どもに強要するなど。
ネグレクト	児童の心身の正常な発達を妨げるような著しい減食または長時間の放置，保護者以外の同居人による身体的虐待・性的虐待・心理的虐待に掲げる行為と同様の行為の放置その他の保護者としての監護を著しく怠ること。 具体的には，重大な病気になっても受診させない，学校等に行かせない，食事を与えない，下着などを長期間不潔なままにする，同居人がこれらと同様の行為を行っているのにもかかわらずそれを放置するなど。
心理的虐待	児童に対する著しい暴言または著しく拒絶的な対応，児童が同居する家庭における配偶者に対する暴力（配偶者〔婚姻の届出をしていないが，事実上婚姻関係と同様の事情にある者を含む。〕の身体に対する不法な攻撃であって生命または身体に危害を及ぼすものおよびこれに準ずる心身に有害な影響を及ぼす言動をいう。）その他の児童に著しい心理的外傷を与える言動を行うこと。 具体的には，言葉による脅し，脅迫，子どもを無視したり，拒否的な態度を示す，子どもの心を傷つけるようなことを繰り返し言う，ほかのきょうだいと著しく差別的な扱いをする，子どもの面前で配偶者やその他の家族に対して暴力をふるうなど。

出所：厚生労働省（2013）をもとに作成。

ある。厚生労働省（2020）によると，「たとえしつけのためだと親が思っても，身体に，何らかの苦痛を引き起こし，又は不快感を意図的にもたらす行為（罰）である場合は，どんなに軽いものであっても体罰に該当」するとしている。

(2) 児童虐待の定義

　児童虐待の定義は，「児童虐待防止法」の第 2 条において次のように規定されている。児童虐待は，保護者がその監護する児童（18 歳に満たない者）について行うものである。そして，保護者が行う虐待は，身体的虐待，性的虐待，ネグレクト，心理的虐待の 4 つに分類される（表 10-1）。

　なお，この法律では「保護者」とは，親権を行う者，未成年後見人その他の者で，子どもを現に監護している場合の者のことで，例えば，子どもの親と内縁関係にある者も，子どもを現実に監護している場合には保護者に該当する。

2. 児童虐待の発見と対応

(1) 学校における対応

　学校において児童虐待を発見した場合，教職員はどのように対応したらよいだろうか。

　虐待の発見に関して，児童虐待防止法では，①虐待の早期発見に努めることが努力義務として，②虐待を受けたと思われる子どもについて，市町村や児童相談所等へ通告することが義務として規定されている。つまり，教職員は日頃から虐待の早期発見に努め，虐待やそれが疑われる児童生徒を発見した場合，速やかに市町村の虐待対応担当課や児童相談所への通告や情報提供といった早期対応を行うことが義務となる。

　早期発見については，次項で示す子どもの特徴をよく理解しておくこと，日頃から児童生徒の様子や関係者からの情報についてアンテナを高く張っておくことが重要である。それに加え，学校においては，日常的な健康観察や身体測定，内科検診等の各種の検診や検査，またアンケート等を通して虐待を早期に発見しやすい機会があることに留意しておく必要がある。

　早期対応については，まずは児童虐待が疑われる段階から対応することが重要である。当該児童生徒の情報収集や具体的な事実関係の記録を残しながら判断する場合もある。しかしその判断が難しい事案も多いため，早い段階で市町村または児童相談所へ通告・相談し，連携を通して対応すべきである。この対応は，教職員が個人で対応するのではなく，校長等の管理職を含めたチームとして対応することが重要となる。そのため，虐待が疑われる児童生徒を発見した場合，すぐに校長等の管理職へ報告・相談し，学校組織として対応する必要がある。

　虐待の通告までの具体的な流れは，文部科学省（2019）より図 10-2 のように示されており，この流れをしっかりと把握しておくことにより，迅速な対応をとることができる。

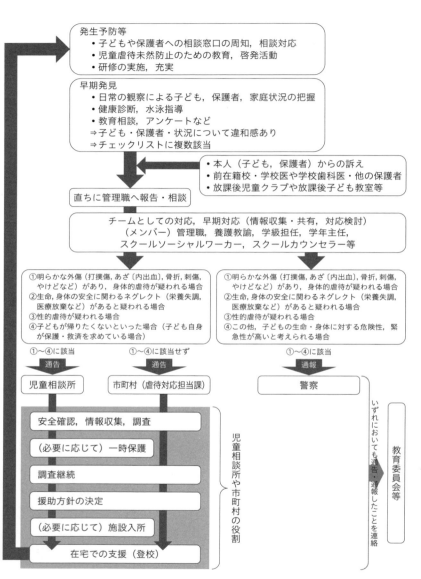

図 10-2　学校における虐待対応の流れ（通告まで）

出所：文部科学省（2019）をもとに作成。

（2）虐待を受けている子どもの特徴と早期発見

虐待を早期に発見するためには，虐待を受けている子どもの特徴を把握する必要がある。例えば，身体的な特徴としては，「不自然な場所に外傷がある」ことや，「治療を受けていない『むし歯』が多い」こと（日本小児保健協会，2019）等が挙げられる。その他，表情や行動，対人関係にも特徴が現れる。「学校・教育委員会等向け虐待対応の手引き」（文部科学省，2019）では，「虐待リスクのチェックリスト」が掲載されている。このチェックリストでは，子どもの心身の健康状態や保護者や家族・家庭の状況等具体例が挙げられている。表10-2は子どもの特徴を抜粋したものである。子どもの特徴や保護者の様子も含めて，「気になる」ことがあったり，違和感を抱くことがあったりする場合は，虐待の可能性を検討すべきである。

また，児童虐待防止法では，2004年の改正により，ドメスティック・バイオレンス（DV）を子どもが目撃することも心理的虐待として扱われるようになった。場合によってはDVに加えて，児童生徒自身も直接暴力等の虐待を受けている可能性もあるため，DVの問題を抱える家庭で育つ児童生徒についても十分に留意して情報収集や見守りを行う必要がある。

その他，虐待の影響は，いじめや不登校，非行，暴力行為等の問題行動となって現れる場合がある。そのため，さまざまな課題を抱える児童生徒の背景に，虐待が潜んでいるかもしれないという視点をもつことが早期発見につながる。「欧米では，チャイルド・マルトリートメント，日本語で『不適切な養育』という考え方が一般化してきた」（友田，2018）。日本の児童虐待を含むだけでなく，大人の子どもに対する不適切な関わりも含めたより広い概念である。「明らかな心身の問題，つまり目立った外傷や精神疾患がなくても，行為自体が不適切であればマルトリートメントと捉えられる」（友田，2018）。児童虐待をマルトリートメントという広い概念から捉え，気になる児童生徒がいた場合には情報収集等の取り組みをはじめることもまた早期発見のために有効である。

表 10-2　虐待リスクのチェックリストにみられる子どもの特徴

生活・健康の状態	・原因不明の体調不良や，反復する腹痛，便通などの体調不良を訴える。 ・夜驚，悪夢，不眠，夜尿がある。 ・からだや衣服の不潔感，髪を洗っていないなどの汚れ，におい，垢の付着，爪が伸びている等がある。 ・季節にそぐわない服装をしている。 ・衣服が破れたり，汚れている。 ・食べ物への執着が深く，過度に食べる。 ・極端な食欲不振がみられる。 ・友達に食べ物をねだることがよくある。 ・警戒心が強く，音や振動に過剰に反応し，手を挙げただけで顔や頭をかばう。 ・過度に緊張し，教員等と視線が合わせられない。 ・教員等の顔色をうかがったり，接触を避けようとしたりする。 ・表情が乏しく，受け答えが少ない。 ・ボーッとしている，急に気力がなくなる。
対人関係	・落ち着きがなく，過度に乱暴だったり，弱い者に対して暴力をふるったりする。 ・他者とうまく関われず，ささいなことでもすぐにカッとなるなど乱暴な言動がみられる。 ・大人に対して反抗的，暴言を吐く。 ・激しいかんしゃくを起こしたり，噛みついたりするなど攻撃的である。 ・友達と一緒に遊べなかったり，孤立しがちである。 ・担任の教員等を独占したがる，用事がなくてもそばに近づいてこようとするなど，過度のスキンシップを求める。 ・不自然に子どもが保護者と密着している。 ・保護者の顔色をうかがう，意図を察知した行動をとる。 ・保護者といるとおどおどし，落ち着きがない。 ・保護者がいると必要以上に気を遣い緊張しているが，保護者が離れると安心して表情が明るくなる。
登校状況等	・理由がはっきりしない欠席・遅刻・早退が多い。 ・きょうだいの面倒をみるため，欠席・遅刻・早退が多い。 ・なにかと理由をつけてなかなか家に帰りたがらない。
問題行動	・深夜の徘徊や家出，喫煙，金銭の持ち出しや万引きなどの問題行動を繰り返す。

出所：文部科学省（2019）をもとに作成。

3．関係機関との連携

(1) 虐待対応における校内の体制

　虐待の対応にあたり，学校・教職員はさまざまな専門職や関係機関と連携をとることになる。連携は，大きく分けて校内における連携と，校外の関連機関との連携が考えられる。

　まず校内においては，例えば校長等の管理職や学年主任，担任，養護教諭等

から構成されるチームをつくり，虐待の対応にあたる。対応においてはこのような校内の体制を整えることが有効であり，スクールカウンセラー（以下，SC）やスクールソーシャルワーカー（以下，SSW）といった学校配置の専門職もチームに含めることが重要である。各自の役割分担を明確にし，情報共有と支援計画等を検討する等，虐待を受けた子どもの対応やケアにあたる。さらに虐待の発生時のみならず，日頃から気になる児童生徒について，定期的に情報共有の機会を設ける等の密な連携をとることで，虐待の早期発見と早期対応に貢献できると考えられる。

(2) 関係機関との連携

次に，校外の関連機関との連携である。児童虐待の対応においては関係機関が協力・連携して対応することが求められる。関係機関は，市町村をはじめとして，児童相談所，福祉事務所，保健・医療機関，警察，弁護士事務所，家庭裁判所等が挙げられる。その他，虐待を受けた児童生徒が，児童相談所へ一時保護となり，その後施設入所や里親家庭へ委託されるという社会的養護の措置が決まった場合には，里親や児童養護施設等との連携をとる場合もある。それらの機関と虐待に対応するネットワークを構築し，調整や，情報・行動連携等を行っていくことが重要である。

また，虐待の対応をしていた児童生徒や，虐待疑いで見守りをしていた児童生徒が転校や進学をした場合には，学校間の引き継ぎが重要となる。これまでの記録の写し等を引き継いだり，電話連絡等で新しい学校に情報提供することにより，虐待の対応が確実に継続されるようにする必要がある。情報を引き継がれた学校においては，校内における対応の体制を整え，関係機関と連携をとりながら対応を継続し，児童生徒の安全を守る。

以上のように，虐待の対応に携わる関係機関は多岐にわたる。これらの機関とスムーズに連携をとるためには，各機関についての正確な情報や各機関の役割をあらかじめ理解しておくことや，学校において管理職がリーダーシップをとり，組織として対応することが必要である。

(3) 要保護児童対策地域協議会への参加

　学校が要保護児童対策地域協議会（以下，要対協）へ参加することも，児童虐待の対応において有効である。要対協とは，要保護児童の適切な保護，支援等を行うため，子どもに関係する機関等により構成される機関である。現在ほぼすべての市町村で設置されているが，活用の度合いはさまざまであり，活用促進や機能の強化が求められている。

　児童生徒は地域で生活しており，その生活の中で虐待が疑われるような場面に遭遇した民生委員・児童委員[2]や主任児童委員[3]等，地域の人々が通告・相談をする場合もある。要対協においては，そのような各関係機関が協働・連携し，要保護児童の情報交換や支援内容の協議を行う。また，要対協の構成員には法律上の守秘義務が設けられており，子どもの最善の利益を優先した関係機関との必要な情報交換と協議を行うことが可能となる。要対協において各機関が支援方針や役割分担を効果的に検討するために重要なこととして，堀口（2020）は「会議以外の日々の協働や連携」を指摘している。お互いの考えや役割，支援において困っている部分まで理解しあえる関係を構築しておくことが重要である（堀口，2020）。

(4) 児童虐待の防止

　児童虐待防止法では，学校等は児童および保護者に対して，児童虐待の防止のための教育または啓発に努めなければならないと規定されている。そのための取り組みとして，まずは，児童生徒が悩み等を気軽に，簡単に相談できるように，SC や SSW 等の相談できる人がいることや，電話やメール，SNS による相談窓口について，日常的に伝えて周知しておくことが有効である。

---

[2]　民生委員は，厚生労働大臣から委嘱される非常勤の地方公務員であり，地域において，住民の立場に立って相談に応じ，必要な援助を行い，社会福祉の増進に努める。民生委員は，児童福祉法に定める「児童委員」を兼ねている。児童委員は，地域の子どもたちが元気に安心して暮らせるように，子どもたちを見守り，子育てや妊娠に関する不安等の相談・支援等を行う。
[3]　一部の児童委員は児童に関することを専門的に担当する「主任児童委員」の指名を受けている。

第 10 章　虐待から子どもを救うためにはどうしたらよいのか？

　また，虐待についてのリーフレットを配布する等して，どのような言動が虐待にあたるのかを保護者も児童生徒も知ることにより，関わりを見直したり，相談につながることができたりする場合もあるだろう。友田（2018）は，マルトリートメントは，決して「特殊な人たちが」「特殊な環境で」行っている「非日常的な出来事」ではなく，日常の中にも存在し，習慣化されていることも多いと述べている。児童虐待が日々の子育ての延長上にあるものとして，社会全体で見守り，子育てを支援していく意識を高める必要があるといえる。学校においては，児童生徒の様子を保護者と共有する機会が得られることもある。その際に，まずは保護者の子育てを否定せず，保護者が相談しやすい関係づくりからはじめることを心がけるべきである。

4．虐待を受けた子どもへの対応

(1) 児童虐待が及ぼす子どもへの影響

　児童虐待を受けた子どもは，その育ちにおいてさまざまな側面で影響を受けることが知られている。厚生労働省（2013）では，表 10-3 のように身体的影響，知的発達面への影響，心理的影響と，3 つの側面から示している。また，友田（2022）はマルトリートメントが発達段階にある子どもの脳に大きなストレスを与え，脳を傷つけていることを指摘している。

　そして奥山（2010）は児童虐待が及ぼす子どもへの影響について，上記のほかに「被害を繰り返し受ける危険」を指摘している。被害を受けた子どもは被害を呼ぶ行動をしがちであり，別の養育環境に変わっても被害を受ける危険が高く，その背景には，マルトリートメントによって，他人を信頼できなくなっていること，暴力や性的な関係性が唯一の関係性となりそれを求めるようになっていることが挙げられる（奥山，2010）。

　また，性的虐待を受けた子どもに特徴的な症状のひとつである性化行動についても理解しておく必要がある。性化行動とは子どもの年齢に見合わない性的行動を指す。藤澤・西澤（2007）は，「子どもの性化行動を『言葉にはできない

141

表10-3　虐待の児童生徒への影響

身体的影響	打撲, 切創, 熱傷など外から見てわかる傷, 骨折, 鼓膜穿孔, 頭蓋内出血などの外から見えない傷, 栄養障害や体重増加不良, 低身長などがみられる。愛情不足により成長ホルモンが抑えられた結果, 成長不全を呈することもある。身体的虐待が重篤な場合には, 死に至ったり重い障害が残る可能性がある。
知的発達面への影響	落ち着いて学習に向かうことができなかったり, 登校もままならない場合がある。もともとの能力に比しても知的な発達が十分に得られないことがある。また, 虐待する養育者は子どもの知的発達にとって必要なやりとりを行わなかったり, 逆に年齢や発達レベルにそぐわない過大な要求をする場合があり, その結果として子どもの知的発達を阻害する。
心理的影響	対人関係の障害 (他人を信頼することができない), 低い自己評価, 行動コントロールの問題 (暴力的, 攻撃的, 衝動的), 多動 (落ち着きがない), 心的外傷後ストレス障害, 偽成熟性 (大人びた行動), 精神的症状 (解離など)。

出所：厚生労働省 (2013) をもとに作成。

表10-4　性化行動の具体例

- 年齢に見合わない強い性的関心や言動がある。
- 性教育資料等に異様に関心を示したり, それを教職員や友人に見せて露骨な言葉遣いをしたりする。
- 先生に甘えてくるときも自分の股間をすりつけたり, 相手の股間や胸に強い関心を示したりする。
- 年齢が上がると, 性的逸脱行動につながることがある。
- 教室の中や登下校の途中など, 不適切な場所での自慰行為が見られたりすることがある。

出所：文部科学省 (2009) をもとに作成。

子どもからのサイン』として注意を向け, 性的虐待があったかもしれないという意識で子どものケアを進めていく必要がある」と指摘している。文部科学省の公表している「児童虐待防止と学校（研修教材）」（文部科学省, 2009）にも性化行動が取り上げられ, 表10-4のような具体例を挙げている。このような行動がみられた場合には, 性的虐待の可能性を視野に入れ, 慎重に対応してほしい。

(2) 虐待を受けた子どもへの関わり

虐待を受けた子どもにはどのようなケアが必要となるだろうか。

田附（2020）は,「虐待から子どもが回復するためには『有能で親身になってくれる身内や地域の大人とのつながり』や, そのつながりの中で『日常生活がきちんと営まれること』や『生活の質の改善』が必要である」と指摘する。また, それは「ある程度の長期間, ケアを受けながら日常生活を過ごす場を子ど

第 10 章　虐待から子どもを救うためにはどうしたらよいのか？

もに提供することが重要である」とも述べており，安全・安心な日常生活を保障していくことの重要性がうかがえる。教職員は，学校においてこの安全・安心な日常生活の保障，つまり，安定的な大人とのつながりを提供することができると考える。児童生徒の日常生活を守る大人として，声をかけたり，見守ったり，必要な場合には手助けをしたりというような安定的な関わりを継続することが期待される。

一方で，専門的なケアも必要である。SC や SSW とともに検討し，校内もしくは学校外において，心理療法やプレイセラピー等の心のケアを時間をかけて行っていく必要がある。

　本章でみてきたように児童虐待については，早期発見，早期対応するための法整備がなされ，具体的な知識や手立て等が示されている。しかし，現時点では児童虐待の件数が減少するまでには至っておらず，その根本的解決は困難な状況である。虐待から子どもを救うためにはどうしたらよいだろうか。まずは適切な対応方法を身につけ，迅速かつ最善の方法で対応することはもちろんである。それとともに学校に携わる者として，また地域に暮らす大人の一人としても何ができるかを考え続けてほしい。

引用文献

奥山眞紀子（2010）．マルトリートメント（子ども虐待）と子どものレジリエンス．学術の動向，**15**(4), 46-51.
厚生労働省（2013）．「子ども虐待対応の手引き」平成 25 年 8 月改正版
　https://www.mhlw.go.jp/seisakunitsuite/bunya/kodomo/kodomo_kosodate/dv/dl/130823-01c.pdf（2024 年 1 月 31 日閲覧）
厚生労働省（2020）．「体罰等によらない子育てのために──みんなで育児を支える社会に」
　https://www.mhlw.go.jp/content/000598146.pdf（2024 年 1 月 31 日閲覧）
こども家庭庁（2024）．「令和 4 年度　児童相談所における児童虐待相談対応件数」
　https://www.cfa.go.jp/assets/contents/node/basic_page/field_ref_resources/a176de99-390e-4065-a7fb-fe569ab2450c/b45f9c53/20240926_policies_jidougyakutai_26.pdf（2024 年 10 月 17 日閲覧）
田附あえか（2020）．第 4 章　児童養護施設における虐待への対応とケア．原田隆之（編）．子どもを虐待から守る科学──アセスメントとケアのエビデンス．金剛出版，pp. 111-164.

友田明美（2018）．Ⅱ　家族臨床心理学研究・実践の最前線「児童虐待（マルトリートメント）と脳科学」．日本家族心理学会（編）．福祉分野に生かす個と家族を支える心理臨床．金子書房，pp. 134-144.

友田明美（2022）．マルトリートメント（マルトリ）が脳に与える影響と回復へのアプローチ．発達障害研究，**44**（1），17-22.

日本小児保健協会（2019）．「子どもに関わる多職種のための子ども虐待初期対応ガイド」第1版
https://www.jschild.or.jp/wp-content/uploads/2019/05/子どもに関わる多職種のための子ども虐待初期対応ガイド（第1版）（PDF）-1.pdf（2024年1月31日閲覧）

藤澤陽子・西澤哲（2007）．性的虐待を受けた子どもの性化行動に関する研究——Child Sexual Behavior Inventory（CSBI）を用いた評価の試み．明治安田こころの健康財団研究助成論文集，**42**，156-165.

堀口康太（2020）．第1章　児童虐待の現状と対応の枠組み．原田隆之（編）．子どもを虐待から守る科学——アセスメントとケアのエビデンス．金剛出版，pp. 3-46.

文部科学省（2009）．「児童虐待防止と学校」（研修教材）
https://www.mext.go.jp/a_menu/shotou/seitoshidou/1280054.htm（2024年1月31日閲覧）

文部科学省（2019）．「学校・教育委員会等向け虐待対応の手引き」
https://www.mext.go.jp/content/20200629-mxt_jidou02-100002838.pdf（2024年1月31日閲覧）

第 11 章

二次的な問題の背景は？
―― 特別支援教育と生徒指導

<<< 学習のポイント >>>

- 二次的な問題の「背景」や「要因」を探ることの大切さを理解する。
- 合理的配慮の観点から，発達障害のある児童生徒への対応を考えることができる。
- 個別最適化を目指す個に応じた指導計画の立案と組織的な対応の必要性を理解する。
- 援助サービスとしての「ユニバーサルデザインの授業づくり」や「心のバリアフリーの実践」の大切さを理解する。

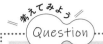

> いじめや暴力行為といった児童生徒の問題行動，不登校等の生徒指導上の諸課題の解決の過程で，子どもたちはなぜこのような行動をとってしまうのか，望ましい行動様式や規範がなぜ定着しないのか理解に苦しむことがある。また，このような子どもたちは教師や友だちにとって「困った子」として認識され，学級集団から疎外されてしまうことがある。では，このような子どもたちは本当に「困った子」なのだろうか。教師として子どもたちを深く理解しようとするときに，生徒指導の視点とともに必要な視点はないか探してみよう。

1．問題行動からみた発達障害のある児童生徒の理解

(1) 問題行動の背景と特別支援教育

　障害の考え方については，個人の心身機能が要因であるという「医学モデル」と，障害は心身機能の要因と社会や環境の在り方や仕組みとの相互作用によってつくりだされているという「社会モデル」という2つの考え方で整理されている。特に社会モデルで考えると，障害のある児童生徒が示す困難さや不適応は教育環境との相互作用の中で起きているのであり，不適応状態を解消するために個に応じた教育的支援を行うことが特別支援教育の役割であると考えることができる。さらに『生徒指導提要（改訂版）』（文部科学省，2022a）では，問題行動の背景には，個人的要因，家庭的要因，人間関係に関する要因等さまざまな要因が絡んでいるとされており，例えば個人的要因には児童生徒の個人の性格や社会性に加え，発達障害といった要因があることも示されている。また，暴力行為，不登校，不安障害等さまざまな二次的な問題による不適応の問題を考える際は，見えている現象への対応だけでなく，見えない部分にも意識を向け，背景や要因を考えて対応することの大切さについても示されている。

　つまり，問題行動の背景や要因を捉え，不適応状態の解消を目指し，具体的

に対応を考えるにあたっては，生徒指導・教育相談の視点のみならず，特別支援教育の視点から問題を見直すことも重要になるのである。

（2）発達障害（神経発達障害）のある児童生徒の困難さ

　発達障害において行動面の困難さを示す障害として自閉スペクトラム症と注意欠如多動症が挙げられる。自閉スペクトラム症は，社会的コミュニケーションおよび対人的相互反応における持続的障害，および行動，興味，または活動の限定された反復的様式を特徴とする障害である。注意欠如多動症は，不注意や多動性，衝動性などの症状を特徴とする障害である。また，学習面の困難さを示す障害として限局性学習症があげられる。限局性学習症は，全般的な知的発達に遅れはないが，読み書き能力や計算力といった特定の能力の習得と使用に著しい困難さを示す障害である。このような発達障害に伴う困難さの原因は脳の働き方にあるので，個人の努力不足や意欲の問題ではない。しかし，本人は発達障害から生じる不適応状態に不安を抱えている場合が多いことから，学校においては，自信や意欲，そして安心感を高める指導や支援，配慮を行うことが大切である。

（3）問題行動（不適応行動）のきっかけとなる子どもの心理状況

　発達障害のある子どもに関する指導や支援を行うにあたっては，当該児童生徒の心理状況を把握しながら教師が適切に対応することが重要になる。

　まず学習面に困難さのある子どもでは，学習活動に対する関心や意欲が湧きにくく「わからない，できない，やりたくない」といった負の心理がスムーズな学習活動を停滞させることがある。このような学びの苦手さがある子どもが，苦手なことに対しても意欲を高め学習を進めるためには，教師や周囲の子どもたちが，できないことよりも，まずできていることに着目し，取り組みの様子や努力の過程を認め，本人の得意な面をうまくいかして指導や支援を行うことが大切になる。しかし，子どもによっては人目を意識して特別な扱いをされることを敬遠する場合もある。このことから，当事者のプライドや自尊感情に配

慮しながら丁寧かつきめ細かな支援を行うことが重要になる。

　次に行動面に困難さのある子どもでは，問題行動が生起した事後に注意や叱責をするだけでは行動改善は難しいことがある。そこで，問題行動前後の状況を整理し，行動の理由や意味を分析することが大切になる。具体的には，目の前で起きている問題行動だけに注目せず，その行動が生起したきっかけになった出来事を想起したり，その行動の結果本人および周囲の子どもにどのような影響が起きたのか等を記録したりする。そして，行動とその前後の状況との因果関係を整理することを通して問題行動発生の要因を分析・推測し，対応を考えるようにする。基本的な対応としては，問題行動発生に至らないように事前の誘因となる事案を制御したり，仮に問題行動が発生しても失敗を指摘して修正させる対応ではなく，どういう行動をとればよいかを具体的に教え，実行できたら褒めたりする等の指導を通じて，適切な行動を増やしていくという視点をもつことが大切である。このように，主体的な行動により成就感や達成感が得られる経験と，それを認めてくれる受容的な人間関係があることで，自尊感情が高まり，行動改善がはかられ，生活習慣の確立に結びつけることができる。

2．合理的配慮の提供

(1) 障害者差別解消法と合理的配慮

　障害を理由とする差別の解消の推進に関する法律（障害者差別解消法）の第1条では，「全ての障害者が，障害者でない者と等しく，基本的人権を享有する個人としてその尊厳が重んぜられ，その尊厳にふさわしい生活を保障される権利を有する」ことを示した。また，同法律第7条第2項および第8条第2項において，「障害者から現に社会的障壁の除去を必要としている旨の意思の表明があった場合において，その実施に伴う負担が過重でないときは，障害者の権利利益を侵害することとならないよう，当該障害者の性別，年齢及び障害の状態に応じて，社会的障壁の除去の実施について必要かつ合理的な配慮をしなければならない」とも示した。この必要かつ合理的な配慮（以下，合理的配慮）とは，

障害のある子どもがほかの子どもと平等に「教育を受ける権利」を享有・行使することを確保するために、学校の設置者および学校が必要かつ適当な変更・調整を行うことであり、個別に必要とされるものとされている。つまり、すべての学校において障害のある子どもに対し適切に合理的配慮を行うことは、障害の有無によって分け隔てられることなく、相互に人格と個性を尊重し合いながら共生できる学校をつくる上で重要な視点となる。

（2）通常の学級に在籍する特別な教育的支援を必要とする児童生徒

「通常の学級に在籍する特別な教育的支援を必要とする児童生徒に関する調査結果（令和 4 年）について」では「学習面又は行動面で著しい困難を示す」とされた児童生徒数の割合が小・中学校において 8.8％とされている（文部科学省，2022b）。つまり、障害の診断がなくても、特別な教育的支援を必要とする児童生徒は通常の学級に広く在籍していることが明らかになっている。このことから、通常の学級にも特別な教育的支援が必要な児童生徒が一定の割合で在籍していることを前提に教育活動を行うことが重要になる。

（3）個別の教育支援計画，個別の指導計画の作成

個別の教育支援計画は、障害のある幼児・児童・生徒に対し、家庭、地域および医療や福祉、保健、労働等の関係機関との連携をはかり、長期的な視点で一貫した継続性のある教育的支援を行うために作成するものである。それに対して、個別の指導計画は個々の子どもの実態に応じて適切な指導を行うためのもので、指導目標、指導内容および指導方法を具体化し指導と評価・改善のために作成するものである。よって、個別の指導計画は 1 年間を目途に作成する場合が多く、学年の中で、計画－実行－評価－改善の PDCA サイクルで適切に運用することが大切になる。学校が個別の教育支援計画や個別の指導計画を作成するにあたっては、保護者からの適切な情報提供が不可欠である。なぜなら、特別な教育的支援が必要な子どもにとって、保護者は第一の理解者であるとともに支援者であり、学校と協働して支援を進めてこそ教育効果を高めることが

できるからである。そのため，本人はもとより，保護者の思いや願いおよび教育的ニーズも丁寧に聴取した上で，個別の教育支援計画や指導計画に反映させていく必要がある。

　また，学校は，子どもの将来を見据えた支援を行うという意思を明確にもち，保護者に対して個別の教育支援計画や指導計画作成の意義や活用の仕方，個人情報の取り扱い等について丁寧に説明を行う必要がある。特に発達障害を含む障害があるとの診断を受けていない子どもについては，日常的に学校で起きている不適応状態（困っている様子）について具体的に説明するとともに，現在行っている具体的支援の内容や子どもの成長について丁寧に説明し，子どもにとっての望ましい成長に向けて，学校と家庭が共同歩調で進むことができるように綿密に話し合う必要がある。その上で，保護者に疑問や不安を残したまま学校が勝手に指導計画の作成を進めることがないようにすることが必要である。また，この過程において，学校と保護者が日常的に学校での支援の様子や子どもの成長について前向きに話し合えるような関係を構築することが大切になる。

　さらに，前述した合理的配慮の提供については，個別の指導計画の中で具体的に示されなければならない。そのためには，適切なアセスメントに基づき一人ひとりの教育的ニーズを明確に捉え指導を行う必要がある。例えば学習指導においては，個別最適な指導を行う視点から，一人ひとりに丁寧な実態把握を行う必要がある。特に学習内容については，現在の習得度をレディネステスト等で具体的に把握し，的確な目標設定に結びつけるとともに，例えば一斉に学習指導を行う場合であっても一人ひとりの得意な学び方をいかして学習できるようにすることが大切である。このように，個別の指導計画をもとに指導目標を焦点化，指導内容を明確化し，指導や支援の方法を具体化する必要がある。

3．個別の課題に配慮した授業づくり

(1) 個別の課題の把握

　個別の課題を把握するためには，教師による継続的な観察が必要であるが，

表 11-1 主な心理検査およびアセスメントツール

個別の検査名	検査の主な内容
田中ビネー知能検査Ⅴ	精神年齢と生活年齢の比である比例知能指数（比例 IQ）を算出できる
WISC-Ⅴ知能検査	全体的な認知能力を表す全検査 IQ と，言語理解，視覚空間，流動性推理，ワーキングメモリー，処理速度の5つの指標をそれぞれ数値化した結果が分かる
KABC-Ⅱ心理・教育アセスメントバッテリー	知的能力を認知処理過程と知識や「読み」「書き」「計算」などの技能の習得度をみることにより，得意な認知処理様式を見つけることができる
DN-CAS 認知評価システム	「同時処理」と「継次処理」に加え「注意」と「プランニング」も評価することで4つの認知機能の側面から子どもの発達の様子を捉えることができる
S-M 社会生活能力検査第3版	乳幼児～中学生を対象に，子どもの日頃の様子から社会生活能力の発達を捉え，社会生活年齢と社会生活指数が算出できる

出所：筆者作成。

指導をより的確に行うためには，客観的なアセスメントを必要とする場合もある（表11-1）。このようなアセスメントを行う上では，知能等を測定する個別式の検査のほかに，日常の行動観察から評価する適応行動尺度等を組み合わせて実施することが大切である。このことにより，子どもの実態や課題，教育的なニーズを的確に把握できるようになるとともに，あわせて保護者の情報提供や教師の観察を加え，幅広い視点から子どもを理解することで，一人ひとりの実態に即した指導や支援の方向性を定めることが可能になる。しかし，個別の検査は保護者の同意がなければ実施することができない。学校は，個別の教育支援計画や指導計画をもとに，個別の検査の必要性や検査後の情報提供，検査結果をもとにした支援の方向性等について丁寧に説明し，保護者の同意を得た上で検査の実施から支援の具体化に結びつけることが必要になる。場合によっては，スクールカウンセラー等の専門家を活用し，保護者との面談，検査の実施，検査結果の説明等を行う必要がある。あわせて学校が個別の指導計画をもとに支援の方向性を示すことで，保護者の理解や安心感を得ることができる。

環境の ユニバーサルデザイン	授業の ユニバーサルデザイン	対人関係の ユニバーサルデザイン
• 教室内の環境設定 • 時間の構造化 • ルールの明確化	• 焦点化 • 展開の構造化 • スモールステップ化 • 視覚化 • 動作化・作業化 • 構造化	• 学級内の役割づくり • 失敗を恐れない雰囲気 • 援助要請をできる雰囲気

図 11-1　ユニバーサルデザインによる教育

出所：熊谷（2019, p. 69）をもとに作成。

(2) ユニバーサルデザインの授業づくり

　文部科学省（2012）は、「個々の子どもの障害の状態や教育的ニーズ，学校や地域の実情等を十分に考慮することなく，すべての子どもに対して同じ場での教育を行おうとすることは，同じ場で学ぶという意味では平等であるが，実際に学習活動に参加できていなければ，子どもには，健全な発達や適切な教育のための機会を平等に与えることにはならず，そのことが，将来，その子どもが社会参加することを難しくする可能性がある」と述べている。

　つまり，障害のある子どもも，ほかの子どもと同様に教室の中での学びを充実させるためには，教師は特別な教育的支援が必要な子どもが教室に在籍していることを前提としたユニバーサルデザインの授業づくりを意識しなければならない。熊谷（2019, p. 69）によると，ユニバーサルデザインによる教育については明確な定義はないが，特別な教育的支援を必要とする子どもだけでなく，どの子どもにとってもわかりやすく，学びやすく配慮された教育のデザインと考えられており，「環境」「授業」「対人関係」に大別して整理されている（図 11-1）。

　その中でも，授業のユニバーサルデザインについては，発達障害のある子どもの特徴と授業時に子どもに生じる困難さ（バリア）を除く教師の工夫の視点から小貫（2012, p. 44）により授業のユニバーサルデザイン化モデル（図 11-2）が示されている。このモデルを考える上で教師にとって大切なことは，図にあ

第 11 章　二次的な問題の背景は？

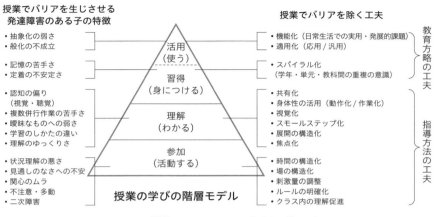

図 11-2　授業のユニバーサルデザイン化モデル
出所：小貫（2012, p. 44）をもとに作成。

るようにすべての子どもが授業に「参加」できるように環境を整えることである。これは授業の前提になるが，発達障害のある子どもの中には，授業に参加すること自体に困難さを抱えている子どももおり，教師が時間や場の構造化や目的・内容・方法の明確化・焦点化をはかることで，対象の子どもを含む全員がしっかりと授業に臨む雰囲気をつくることができる。その上で，協働的な学びをいかしながら授業内容を「理解」できるようにしたい。特に近年は，学校におけるICT環境が充実してきたことを踏まえ，ICT機器等の活用による視覚情報や聴覚情報をいかしたわかりやすい授業づくりを積極的に進めることが有効である。さらに，子どもが学習内容を「習得」「活用」できるように，単元を通して，個別指導やグループ別指導，繰り返し指導，教師間の協力的な指導等，指導方略を工夫・改善しながら取り組む必要がある。

(3) 合理的配慮の提供

　2021年の障害者差別解消法の改正により，学校を含む行政機関に加え事業者も障害のある人に対する合理的配慮の提供が義務化された。現在，学校の設置

153

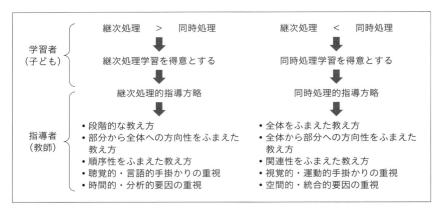

図 11-3　得意な認知処理様式をいかした指導方略
出所：藤田（2000, p. 13）をもとに作成。

者および学校は，障害のある子どもに対して，障害のない子どもとの比較において同等の教育の機会を受けるために必要な合理的配慮を提供する義務がある。

『生徒指導提要（改訂版）』（文部科学省，2022a）では，学習面に困難のある児童生徒への対応について，できていることを認め，得意な面をうまくいかして指導や支援を行うこと，そのために子どもの強みをいかした学習方法を取り入れることの大切さが示されている。例えば，子どもの学び方や認知処理様式に即した指導を提供するように学習内容や方法を変更・調整することも，障害による困難さに対する個別最適な指導を行うという意味において合理的配慮の視点になる。具体的には，KABC-II心理・教育アセスメントバッテリーを使用すると，対象となる子どもの「認知処理様式」の状況を下位検査の分析により把握することができる。その上で得意な認知様式に沿った指導方略を行うことで，子どもの強みをいかした指導（長所活用型指導）を実践することができる（図11-3）。

このように，教師の得意・不得意で指導法を考えるのではなく，子どもの学びの特質に応じて指導方略を選択していくこと，これが個別最適な学びを提供する上で有効な視点である。

また，校長のリーダーシップのもと，特別支援教育にかかる支援員の配置等

第11章　二次的な問題の背景は？

適切な人的配置を行うことや学校内外の教育資源を活用して指導の充実をはかる等，指導体制を工夫することも合理的配慮のひとつの視点である。障害のある子どもの特性等に応じた必要な配慮等を行う際は，専門家等の助言をもとに，教師の理解の在り方や指導の姿勢を統一した取り組みにすることが指導の一貫性を担保し指導の効果を高めることにつながる。このような場合，障害のある子どもに対する教師間の共通の見方や考え方が，周囲の子どもたちの見方や考え方に大きく影響することに十分留意しなければならない。このような教師集団による意図的かつ計画的な取り組みを通して，学級内における温かい人間関係づくりに努めながら，「特別な支援の必要性」についての理解を進め，互いの特徴を認め合い，支え合う支持的風土を教室内に築いていくことが大切になる。

4.　特別支援教育の視点から教育環境を整備する

(1) 特別支援教育コーディネーターと校内委員会の役割

特別支援教育コーディネーターは，全校的な視点で特別な教育的支援が必要な子どもの把握に努め，学級担任および保護者等からの相談を受け，不適応状況を把握し，適切な指導および必要な支援に結びつける校内の中心的役割を果たしている。また，校内委員会は，文部科学省（2017a, p. 15）によると，校長のリーダーシップの下，全校的な教育支援体制を確立し，教育上特別の支援を必要とする児童等の実態把握や支援内容の検討等を行うための組織であるとされている。さらに，校内委員会の主な役割は，障害による学習上または生活上の困難の状態および教育的ニーズの把握，教育上特別の支援を必要とする児童等に対する支援内容の検討，教育上特別の支援を必要とする児童等の状態や支援内容の評価，専門家チームの活用，特別支援教育に関する校内研修計画の企画・立案，必要に応じて，教育上特別の支援を必要とする児童等の具体的な支援内容を検討するためのケース会議の開催等と示されている。

このように，特別支援教育コーディネーターを中心に校内委員会を運用する目的は2つある。1つは，児童生徒の実態や教育的ニーズに応じて，幅広い情

155

報をもとによりよい支援を提供することである。もう1つは，学級担任等が一人で問題を抱え込むことなく，チームによる支援を行うことができるようにすることである。特別支援教育の問題は障害に起因するものが多く解決することが困難な問題である。だからこそ，担任が一人で問題を抱え込み思い悩むことを避けなければならない。管理職を含め教職員の意思を統一し，外部関係機関の支援や助言を受けながら，学校組織全体として特別な教育的支援の必要な子どもを受け入れていく体制をしっかりと構築していくこと，このことが，さまざまな問題に適切に対応していく鍵になる。

(2) 交流および共同学習の推進と心のバリアフリーの実践

　障害のある子どもが障害のない子どもとともに，学び合い，安心して学校生活を送るためには，心のバリアフリーを実践しなければならない。その具体的な手段として，学校では障害のある児童生徒との交流および共同学習が推進されている。小・中・高等学校の学習指導要領解説総則編（文部科学省，2017b，p. 127；2017c，p. 129；2018，p. 176）には，「障害者基本法第16条第3項にも規定するとおり，障害のある幼児児童生徒との交流及び共同学習は，児童が障害のある幼児児童生徒とその教育に対する正しい理解と認識を深めるための絶好の機会であり，同じ社会に生きる人間として，お互いを正しく理解し，共に助け合い，支え合って生きていくことの大切さを学ぶ場でもあると考えられる。」と同様に記されている。また，文部科学省（2012）は，共生社会の形成に向けて，「インクルーシブ教育システムにおいては，同じ場で共に学ぶことを追求するとともに，個別の教育的ニーズのある幼児児童生徒に対して，自立と社会参加を見据えて，その時点で教育的ニーズに最も的確に応える指導を提供できる，多様で柔軟な仕組みを整備することが重要である。小・中学校における通常の学級，通級による指導，特別支援学級，特別支援学校といった，連続性のある『多様な学びの場』を用意しておくことが必要である」と述べている。

---

*1　中学校，および高等学校学習指導要領解説　総則編では「生徒」。

つまり，日本型のインクルーシブ教育システムでは，多様な学びの場において交流および共同学習を積極的に推進することにより，心のバリアフリーの考え方を広め，共生社会の実現を目指しているものといえる。しかし，この理念を追求するためには，各学校で交流および共同学習を充実させることが大切な視点になる。『交流及び共同学習ガイド』（文部科学省，2019, p. 5）では，「交流及び共同学習は，相互の触れ合いを通じて豊かな人間性を育むことを目的とする交流の側面と，教科等のねらいの達成を目的とする共同学習の側面があり，この二つの側面を分かちがたいものとして捉え，推進していく必要があります。」と示している。つまり，交流および共同学習とは，障害のある子どもと障害のない子どもが活動や学びの場を共有することのみを目的とするのではなく，互いに主体的な学習者として目標達成に向けて学びを確かにすることこそが重要なのである。

(3) 支持的風土を醸成する学級経営

このことは，実際に学校で子どもたちの様子を観察していると具体的に感じ取ることができる。障害に対する正しい知識や理解が伴わないと，障害のある子どもとの交流は，障害があるから「わからない」「できない」「かわいそう」といった極端な負の認識を生み出しかねない。そして，差別や偏見へとつながってしまう場合も多々みられる。そこで，交流の側面では，朝の会や帰りの会，給食や清掃時間といったさまざまな生活場面において，意図的かつ計画的に互いのよさを感じ取れるような場面を設定することで，相互の触れ合いを通じて正しく相手を理解し豊かな人間性を育むことができるようにすることが大切である。また，教科等のねらいの達成を目的とする共同学習の側面について，文部科学省（2012）は，「基本的な方向性としては，障害のある子どもと障害のない子どもが，できるだけ同じ場で共に学ぶことを目指すべきである。その場合には，それぞれの子どもが，授業内容が分かり学習活動に参加している実感・達成感をもちながら，充実した時間を過ごしつつ，生きる力を身に付けているかどうか，これが最も本質的な視点であり，そのための環境整備が必要で

ある」と述べている。つまり，教師は，障害のある子どももしっかりとわかる・できる・がんばることのできる授業を展開しなければならないのである。教師が何ら手立てを講じることなく単に学ぶ場を同じくするだけでは，障害のある子どもがほかの子どもと同様に，自ら進んで知識や理解を深め，思考・判断・表現を行うことはできない。そのような教室では，障害のある子どもは，さまざまな場面でわからない・できない姿が数多く出てしまい，決して自己肯定感を高めることはできない。また，そのような子どもの姿を見ている周囲の子どもたちは，障害のある子どもの負の側面ばかりに目が行き，決して障害に対する正しい理解につながることはないと思われる。

　これまで述べてきた「ユニバーサルデザインの授業づくり」や「合理的配慮の提供」「個別最適な授業づくり」を意図的かつ計画的に実践することを通して，障害のある子どもを含むすべての子どもたちにとって満足感・達成感のある授業を行うことができれば，障害があろうとなかろうと，一人ひとりの子どもが明確に目標をもち，「共に学び共に育つ」子どもたちや教室をつくることができると考える。さらに「交流及び共同学習」を推進することは，障害のある子どもにとっても，障害のない子どもにとっても，障害に対する適切な知識を得る機会を提供するとともに，適切な自己理解，達成感の積み重ねから得られる自己肯定感，他者理解を深めていくまたとない機会となる。このように子どもの多様性を踏まえた学級づくりや学校づくりを行うことこそが支持的風土を醸成することにつながり，結果としていじめや不登校といった二次的な問題行動の減少につながると考える。

第 11 章　二次的な問題の背景は？

　本章で示したとおり，発達障害を含む障害のある子どもの中には，学校における学習や生活の中で息苦しさを感じ，その結果として不登校やいじめ，暴力行為といった二次的な問題行動につながる子どもが少なからず見受けられる。
　これからの学校には，障害のある子どもを含め，多様な困難さがある子どもを学級で包み込んでいくインクルーシブな教育が求められている。教室の中の「困った子」は，視点を変えると周囲の環境に適応できない「困っている子」と考えることができるのではないか。そのように見方を変えていくことが，特別支援教育の視点から学校・学級を見直すことである。ぜひ，その子どもの立場に立って改めて事象を見直し，環境調整に向けた具体的な支援を考えてほしい。
　問題行動の背景には複雑な要因が絡んでおり，対応について単純に正解を導くことは容易ではない。しかし，困っている子どもの立場に立ち，要因を考え，計画的かつ継続的な取り組みを進めることで，問題を抱えて苦しんでいる子どもたちを排除するのではなく包含し教育することにつながっていく。これからも，特別支援教育の視点から生徒指導の在り方を見直し，子どもや保護者・学校にとっての最適解を模索し続けてほしい。

引用文献

熊谷亮（2019）．発達障害の理解と援助．小泉令三・友清由希子（編著）．キーワード生徒指導・教育相談・キャリア教育．北大路書房
小貫悟（2012）．授業のユニバーサルデザイン化を達成するための視点．授業のユニバーサルデザイン研究会・桂聖・廣瀬由美子（編著），授業のユニバーサルデザイン vol.5「全員活動」の文学の授業づくり．東洋館出版社
藤田和弘（2000）．第 1 章　認知処理様式と長所活用型　Ⅱ　認知処理様式を活かす指導方略の基本．藤田和広（監修）熊谷恵子・青山真二（編著），小学校　個別指導用　長所活用型指導で子どもが変わる Part2．図書文化社
文部科学省（2012）．共生社会形成に向けたインクルーシブ教育システム構築のための特別支援教育の推進（報告）
文部科学省（2017a）．発達障害を含む障害のある幼児児童生徒に対する教育支援体制ガイドライン
文部科学省（2017b）．小学校学習指導要領解説　総則編
文部科学省（2017c）．中学校学習指導要領解説　総則編
文部科学省（2018）．高等学校学習指導要領解説　総則編
文部科学省（2019）．交流及び共同学習ガイド　2019 年 3 月改訂
文部科学省（2022a）．生徒指導提要（改訂版）
　https://www.mext.go.jp/content/20230220-mxt_jidou01-000024699-201-1.pdf（2024 年 10 月 10 日閲覧）

文部科学省（2022b）．「通常の学級に在籍する特別な教育的支援を必要とする児童生徒に関する調査結果（令和 4 年）について」
https://www.mext.go.jp/content/20230524-mext-tokubetu01-000026255_01.pdf

第 12 章

どうしてキャリア教育が必要なのか？
—— 進路指導・キャリア教育の意義と原理

⟪⟪⟪　学習のポイント　⟫⟫⟫

- ✅ 「キャリア」「キャリア発達」「キャリア教育」が説明できる。
- ✅ 職業指導から進路指導を経てキャリア教育に至るまでの流れをつかむ。
- ✅ 草創期のキャリア教育と「在り方答申」以降のキャリア教育の違いが説明できる。
- ✅ 学校のすべての教育活動を通してキャリア教育を実践する必要性と意義を理解する。
- ✅ キャリア教育を通して育てる基礎的・汎用的能力とはどのような資質・能力か理解する。

> **考えてみよう Question**
>
> 　あなたは子どもの頃，幼稚園や保育所のお誕生日会で「大きくなったら何になりたいですか？」と質問された記憶はないだろうか？　小学生になってからも，「将来の夢は？　やりたいことは？」と聞かれ，中学生・高校生になると「卒業後，どこに進学／就職したいか？」と身近な大人に質問された人が多いだろう。中には，このような質問に「将来の夢ややりたいことと言われても，思い浮かばないな……」と困ったことがある人や，「夢ややりたいことを決めるためにもっと学校がサポートしてくれたらいいのに」と思った人もいるかもしれない。
>
> 　子どもたちが将来の夢ややりたいこと，自分の進路を考えることに対して，学校教育はこれまでどのような役割を果たしてきているのだろうか。自分自身の小中高等学校の経験も踏まえながら，学校教育のどのような場面で子どもたちが自分の将来について考える力や態度を育てることができるか考えてみよう。

1. キャリア教育とは

(1) キャリア教育の定義

　2011年に出された中央教育審議会（以下，中教審）答申「今後の学校におけるキャリア教育・職業教育の在り方について」（以下，在り方答申）では，キャリア教育を「一人一人の社会的・職業的自立に向け，必要な基盤となる能力や態度を育てることを通して，キャリア発達を促す教育」と定義している（中央教育審議会，2011）。

　「キャリア」という言葉の解釈・意味づけは極めて多様であり，時代の変遷とともに変化してきている（国立教育政策研究所生徒指導研究センター，2002, p. 7）。「在り方答申」は，キャリアを「人が，生涯の中で様々な役割を果たす過程で，自らの役割の価値や自分と役割との関係を見いだしていく連なりや積み重ね」と捉えている。「キャリアは，ある年齢に達すると自然に獲得されるものではな

く，子ども・若者の発達の段階や発達課題の達成と深く関わりながら段階を追って発達していくものである」とし，「このような，社会の中で自分の役割を果たしながら，自分らしい生き方を実現していく過程を『キャリア発達』」と呼んでいる。

（2）キャリア教育を支える基礎理論

キャリア教育は，教育学や教育社会学，生涯学習論，キャリアデザイン，経営学・経済学，産業組織心理学，キャリア心理学，キャリア・カウンセリング，教育・発達心理学等，さまざまな学問分野の研究成果に基づく学際的な学問である。

藤田（2021a）はキャリア教育の実践を支える主要な理論の系譜を次のように整理している。人々のキャリア形成への体系的な支援提供のルーツは，19世紀末から20世紀初頭のアメリカ合衆国（以下，アメリカ）での実践にあるといわれている。とりわけパーソンズ（Parsons, F.）が1909年に公刊した『Choosing a Vocation（職業選択法）』において記した彼自身の実践は，その後，「特性・因子論」と名づけられて理論化され，今日においてもそれを基盤としたさまざまなアプローチが提唱・実践される等大きな影響力を発揮している。一方で，20世紀中葉に入ると，特性・因子論に基づく支援に対して，人々の成長・発達・変容が視野に入っていないとする批判が出され，アメリカを中心に「キャリア発達理論」が提唱されるようになる。キャリア発達理論の発展を牽引したスーパー（Super, D. E.）を中核として，人間のキャリアは「職業人」以外のさまざまな役割（life roles：ライフ・ロール）によって構成されるとの見方（ライフ・キャリアの虹：図12-1）が提唱され，これは「キャリア発達理論」の特徴のひとつとなって，日本を含む世界の多くの国々におけるキャリア形成支援の基盤とされている。

さらに20世紀後半には，キャリア発達理論では捉えきれない人々のキャリア形成の側面に焦点を当てた多様な理論（ナラティブ・アプローチやキャリア構築理論）が提唱され，今日に至っている。

163

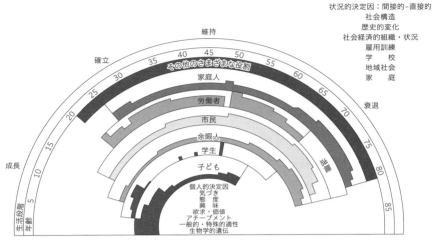

ある男性のライフ・キャリア

「22 歳で大学を卒業し，すぐに就職。26 歳で結婚して，27 歳で 1 児の父親となる。47 歳の時に 1 年間社外研修。57 歳で両親を失い，67 歳で退職。78 歳の時妻を失い 81 歳で生涯を終えた。」スーパーはこのようなライフ・キャリアを概念図化した。

図 12-1　ライフ・キャリアの虹

出所：文部省（1992）をもとに作成。

2. キャリア教育の登場

　一人ひとりの社会的・職業的自立に向け，基盤となる能力や態度を育てることを通してキャリア発達を促す教育として，キャリア教育が日本に登場するのは 1999 年であるが，その源流は大正期まで遡ることができる。

(1) 職業指導・進路指導の理念と課題

　1915（大正 4）年に入澤宗壽が，『現今の教育』の中でアメリカにおける就職相談や支援の取り組み（vocational guidance）を「職業指導」と訳語をつくって紹介した（藤田，2021b）。この職業指導は本章 1.(2) で整理したパーソンズの著書に影響を受けた実践であった。その後，日本の職業指導は東京や大阪等で

発展し，1927（昭和2）年には文部訓令「児童生徒ノ個性尊重及職業指導ニ関スル件」が出され学校教育の中で職業指導が行われることとなった。しかしながら，昭和初期の日本は急速に国家主義・軍国主義に傾斜し，戦時下の日本では「児童生徒の個性尊重」を基本とする職業指導は有名無実となった。

　戦後，教育の民主化が進められる中で職業指導は再スタートを切った（藤田，1997）。その実践は中学校の職業科との密接な連携の下で進められた。1956年の学習指導要領改訂で職業科は職業・家庭科となり，職業指導では卒業後の就職・進学双方を想定しながら，社会生活の上で必要となる職業に関わる情報を長期的な視点から幅広く提供することが目指された。

　職業・家庭科の職業指導はその後3年を経ずして全面廃止となった。その背景には，1950年代に経済成長に伴う産業構造の変化に見合った労働力の育成が経済界から要請され，高校以上の教育の充実が求められたことがある。経済界の要望への対応のひとつとして，文部省（当時）は1958年に職業・家庭科を廃止し，技術・家庭科を新設した。職業・家庭科の廃止に伴い，職業指導は進路指導に名称を変更し，特別教育活動（現在の特別活動）の一環として学級活動を中心に実践されることとなった。教育課程上の名称は進路指導に変更されたが，児童生徒の個性を尊重した進路選択への支援という理念は継承された。

　『進路指導の手引』（文部省，1961）の中で，進路指導は「生徒の個人資料，進路情報，啓発的経験および相談を通じて，生徒みずから，将来の進路の選択，計画をし，就職または進学して，さらにその後の生活によりよく適応し，進歩する能力を伸長するように，教師が組織的，継続的に援助する過程」と定義された。この定義は今日の進路指導にも引き継がれている。1969年（中学校）および1970年（高等学校）の学習指導要領改訂では，進路指導は「学校の教育活動全体を通じて」実践することが明記され，今日の学習指導要領にも継承されている。このような教育課程における進路指導の位置づけの転換は，教師の教科教育観の転換さえも要求するものであったが，その実現には至らなかった。

　しかしながら，高度経済成長期の影響を受け，いわゆる学歴（学校歴）偏重が社会的風潮となり，進路指導の理念は形骸化した。圧倒的多数の生徒・保護

者が「よい学校に進学し，よりよい社会的地位を求める」ことを志向し，受験競争が激化した。その結果，高校の不本意入学が増え，それに伴って学習意欲・学力の低下，中途退学やいじめ，不登校の増加等の弊害が起きた。このような状況を踏まえて，文部省（当時）は学歴偏重の社会的風潮を是正し，生徒の能力・適性・進路希望等に基づいた本来的な進路指導の実現を要請する通達を3度（1976年，1983年，1993年）出した。これらの通達が実質的な効果を上げたとは言いがたく，受験競争が激化する中で，進路指導の理念と現実の乖離は顕在化していった。

(2)「接続答申」とキャリア教育の登場

前項で整理したような進路指導の理念と現実の乖離は，1990年代末になると学校教育と職業生活との接続に課題がある状況として捉えられるようになる。1999年の中教審答申「初等中等教育と高等教育との接続の改善について」（以下，接続答申）は，上記の課題の解決策としてキャリア教育を提唱した（中央教育審議会，1999）。接続答申はキャリア教育を「望ましい職業観・勤労観及び職業に関する知識や技能を身に付けさせるとともに，自己の個性を理解し，主体的に進路を選択する能力・態度を育てる教育」と定義し，小学校段階から発達段階に応じて実施することとした。この時期のキャリア教育は「一人一人の職業観・勤労観を育む教育」として展開された（国立教育政策研究所生徒指導研究センター，2002）。キャリア教育の登場によって，それまで中学校・高校を中心に実践されてきた進路指導ではカバーすることができなかった小学校段階から高等教育にわたる継続的な取り組みが可能となった。

その後発行された「児童生徒の職業観・勤労観を育む教育の推進について」（国立教育政策研究所生徒指導研究センター，2002）や，「キャリア教育の推進に関する総合的調査研究協力者会議報告書——児童生徒一人一人の勤労観，職業観を育てるために」（文部科学省，2004）で，初期のキャリア教育の方向性が具体的に示された。その中では，主に①勤労観・職業観の醸成，②体験的な活動の重視，③小学校段階からの体系的なキャリア教育，④職業的（進路）発達に関

わる諸能力（4領域8能力）の提示がなされた（石嶺, 2018）。これらの取り組みを通して，子どもたちの変容をはかる指標がないといった，それまで進路指導が取り組んでこなかった課題の解決を試みた。

この時期のキャリア教育はさまざまな面で，2003年に策定された「若者自立・挑戦プラン」の影響を受けた。「若者自立・挑戦プラン」は文部科学省・厚生労働省・経済産業省の省庁連携によって，当面3年間で，人材育成の強化を通じ，若者の働く意欲を喚起しつつ，すべてのやる気のある若者の職業的自立を促進し，若年失業率を低下させることを目標とした。同プランの中で，教育界においても，勤労観・職業観の醸成の重視を一層認識し，産業界，地域社会と連携して取り組む必要があることが示された（若者自立・挑戦戦略会議, 2003）。

その後，「若者自立・挑戦のためのアクションプラン」（2004），「若者自立・挑戦のためのアクションプランの強化」（2005）が出され，その中でキャリア教育の推進は筆頭施策として位置づけられ，中学校を中心に5日間以上の職場体験を実施する「キャリア・スタート・ウィーク」が全国的に展開された（若者自立・挑戦戦略会議, 2004, 2005）。その結果，中学校を中心とする5日間の職場体験活動がキャリア教育の中核的な取り組みとなっていった。

以上のように，この時期のキャリア教育が目指したもののうち，①勤労観・職業観の醸成と②体験的な活動の重視は達成された（藤田, 2014）。

3．キャリア教育の発展

本章2．（2）で示した成果がみられた一方で，「キャリア教育＝中学校の職場体験」というイメージが浸透し，③小学校段階からの体系的なキャリア教育は達成されなかった。また，④職業的（進路）発達に関わる諸能力（4領域8能力）は提示されるにとどまった（石嶺, 2018）。これらはその後のキャリア教育の中核的な取り組みに位置づけられている。

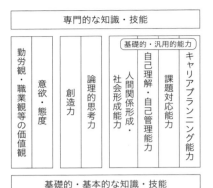

図12-2 「社会的・職業的自立，社会・職業への円滑な移行に必要な力」の要素
出所：中央教育審議会（2011）。

(1)「在り方答申」とキャリア教育の発展

その後のキャリア教育の方向性を示したのが本章1.（1）で紹介した「在り方答申」である。「在り方答申」は，それまでのキャリア教育の課題を踏まえて，キャリア教育の方向性を職業観・勤労観の育成から，社会的・職業的自立に必要な資質・能力を育成するものに転換した。社会的・職業的自立，社会への円滑な移行に必要な力の要素を図12-2のように整理した。その上で，キャリア教育を通して育成する能力として，4領域8能力を発展させた「基礎的・汎用的能力」を定義した。基礎的・汎用的能力は，分野や職種にかかわらず，社会的・職業的自立に向けて必要な基盤となる力で，人間関係形成・社会形成能力，自己理解・自己管理能力，課題対応能力，キャリアプランニング能力の4つで構成さている。基礎的・汎用的能力の育成も学校の教育活動全体を通して行うものとされた。また，キャリア教育は幼児期から行うものとされた。

(2)「在り方答申」以降のキャリア教育政策

「在り方答申」以降のキャリア教育では，社会的・職業的自立を目指して，変化の激しい時代を生き抜くための資質・能力の育成が中核となった。2008・2009年の学習指導要領改訂では，知識基盤社会における「生きる力」とりわけ「確かな学力」の重要性が強調され，その中には主体的に学習に取り組む態度も含まれ「学び続ける力」が重視された。しかし，日本の子どもの学習意欲の低さが課題となっていた。このことを踏まえて，キャリア教育には「学ぶこと」を「働くこと」や「生きること」に結びつけ，学習意欲を向上させることが期

待された。当時の学習指導要領にも，学習指導にあたって「自らの将来について考えたりする機会を設ける」（小学校）こと，「自らの生き方を考え主体的に進路を選択することができる」（中学校）ことが示された。高等学校の学習指導要領では「キャリア教育」が明記された。

2017年（小中学校）および2018年（高等学校）の学習指導要領改訂では，キャリア教育の充実が小中高のすべてで総則に示された。基礎的・汎用的能力という文言は見られないが，「在り方答申」が示した社会的・職業的自立に向けて必要な基盤となる資質・能力の育成がキャリア教育の目的として明示された。

この学習指導要領改訂では，育成すべき資質・能力の3つの柱の1つとして「どのように社会，世界と関わり，よりよい人生を送るか」というキャリア教育の視点に関わる「学びに向かう力，人間性等」が示された。また，キャリア教育の視点からも「主体的・対話的で深い学び」の実現に向けた授業改善を進めることが求められるとされた。ここに至って，1969年および1970年の学習指導要領改訂で進路指導が学校の教育活動全体を通して行うものとされたときに要請された教師の教科教育観の転換が不可避のものとして再度位置づけられた。

　本章で示してきたように，日本では大正期から一人ひとりの個性を尊重した進路選択のための支援が重要であると考えられてきた。「在り方答申」以降のキャリア教育では，子どもたちの社会的・職業的自立の基盤となる資質能力の中でも，基礎的・汎用的能力を育てることを通して，一人ひとりの個性を尊重した進路選択をはかろうとしている。基礎的・汎用的能力の育成には，体験活動の充実が不可欠である。一方で，どのような体験活動ができるかは家庭や地域の影響を受けやすい。すべての子どもたちの体験活動を充実させるためにどのような工夫ができるか考え続けてみよう。

引用文献

石嶺ちづる（2018）．キャリア教育の提唱と草創期の推進施策の特質．吉田武男（監修）．藤田晃之（編著）．キャリア教育．ミネルヴァ書房，pp. 41-55.

国立教育政策研究所生徒指導研究センター（2002）．児童生徒の職業観・勤労観を育む教育の推進について

中央教育審議会（1999）．初等中等教育高等教育との接続の改善について（答申）

中央教育審議会（2011）．今後の学校におけるキャリア教育・職業教育の在り方について（答申）

藤田晃之（1997）．キャリア開発教育制度研究序説——戦後日本における中学校教育の分析．教育開発研究所

藤田晃之（2014）．キャリア教育基礎論．実業之日本社

藤田晃之（2021a）．キャリア教育実践を支える主な基礎理論について，それぞれの特質を挙げながら説明しなさい．藤田晃之・森田愛子（編著）．特別活動・生徒指導・キャリア教育．協同出版，pp. 188-191.

藤田晃之（2021b）．戦後日本の学校教育における進路指導（前身の職業指導も含む）の歴史的な変遷について説明しなさい．藤田晃之・森田愛子（編著）．特別活動・生徒指導・キャリア教育．協同出版，pp. 176-179.

文部科学省（2004）．キャリア教育の推進に関する調査研究協力者会議報告書——児童生徒一人一人の勤労観，職業観を育てるために

文部省（1961）．進路指導の手引き

文部省（1976）．学校における業者テストの取り扱い等について（通知）．文初職第 396 号

文部省（1983）．学校における適正な進路指導について（通知）．文初職第 325 号

文部省（1992）．中学校・高等学校進路指導資料　第 1 分冊

文部省（1993）．高等学校入学者選抜について（通知）．文初高 243 号

若者自立・挑戦戦略会議（2003）．若者自立・挑戦プラン

若者自立・挑戦戦略会議（2004）．若者自立・挑戦のためのアクションプラン

若者自立・挑戦戦略会議（2005）．若者自立・挑戦のためのアクションプランの強化

第13章

すべての教育活動を通したキャリア教育はどのように行われているのか？
—— 進路指導・キャリア教育とカリキュラム・マネジメント

《《《　学習のポイント　》》》

- 知識基盤社会におけるキャリア教育に対する期待とはどのようなものか理解する。
- キャリア教育におけるカリキュラム・マネジメントの重要性を理解する。
- 「キャリア教育の要」として特別活動の重要性を説明することができる。
- 各教科におけるキャリア教育の実践のポイントを理解する。
- 探究的な学びとキャリア教育の関わりを説明することができる。

> 第12章では「キャリア教育とは何か」について理解を深めた。中学校で職場体験に行ったことを思い出した人がいるかもしれない。しかし、小中高の頃を思い出してみても「キャリア教育の時間」が時間割にあったか覚えていないかもしれない。進路指導は、三者面談や高校／大学説明会、卒業生／社会人講話等があったことを何となく覚えている人もいるかもしれない。
> キャリア教育は「学校のすべての教育活動を通して実施する」とされているが、具体的には学校教育におけるどのような活動がキャリア教育なのだろうか。

1. 学校のすべての教育活動を通したキャリア教育

(1) 知識基盤社会におけるキャリア教育への期待

2008年の中央教育審議会（以下，中教審）答申「幼稚園，小学校，中学校，高等学校及び特別支援学校の学習指導要領等の改善について」は，知識基盤社会における「生きる力」とりわけ「確かな学力」の重要性を強調した（中央教育審議会，2008）。確かな学力は①基礎的な知識および技能，②これらを活用して課題を解決するために必要な思考力，判断力，表現力，③主体的に学習に取り組む態度の3要素で構成される。このうち，③は学び続ける力と言い換えることができる。図13-1，図13-2の国際数学・理科教育動向調査（TIMMS）の結果から見て取れるように，日本の子どもたちは「勉強はできるが，学ぶことに楽しさや意義を感じていない」という課題を抱えている。このことを踏まえて，2008年の中教審答申は，学ぶことを働くことや生きることに結びつけ，学習意欲を向上させることをキャリア教育に期待している。

2017・2018年に改訂された学習指導要領総則では，キャリア教育の目的を子どもたちが「学ぶことと自己の将来とのつながりを見通しながら，社会的・職業的自立に向けて必要な基盤となる資質・能力を身に付けていくこと」とし

第13章 すべての教育活動を通したキャリア教育はどのように行われているのか？

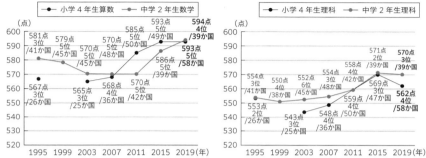

図 13-1　国際数学・理科教育動向調査平均得点の推移
注）小学4年生は1999年調査実施せず。
出所：国立教育政策研究所（2019）。

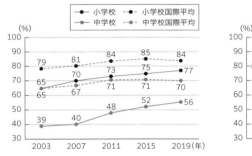
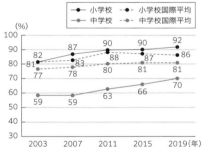

図 13-2　国際数学・理科教育動向調査「算数・数学の勉強は楽しい」，「理科の勉強は楽しい」と答えた児童生徒の割合の推移
注1）数値は「強くそう思う」「そう思う」と回答した児童生徒の小数点第1位までの割合を合計し，さらにその小数点第1位を四捨五入したもの。
注2）国際平均については，調査参加国・地域が毎回異なる点に留意する必要がある。
注3）質問紙調査は1995年から実施されているが，項目の変化等により経年で比較できるのは2003年以降の調査結果になる。
出所：国立教育政策研究所（2019）。

ている。現行の学習指導要領は「主体的・対話的で深い学び」の実現を目指している。「主体的な学び」は「学ぶことに興味や関心をもち，自己のキャリア形成の方向性と関連づけながら，見通しをもって粘り強く取り組み，自己の学習活動を振り返って次につなげる」（文部科学省，2017a；2017b）ものである。このことから，キャリア教育の推進を通して「主体的な学び」が実現することも期待されていることがわかる。

(2) 教育課程における進路指導・キャリア教育の位置づけ

第12章でみたように，1969・1970年の学習指導要領改訂で職業指導から名称変更された際に，進路指導は学校の教育活動全体を通じて実施すると明記された。このような進路指導の教育課程上の位置づけはキャリア教育にも継承されている。なお，キャリア教育は中学校・高校の進路指導を代替する教育活動ではない。就学前教育からの系統的なキャリア教育の中で，特に進路選択について具体的な支援が必要な中学校・高校ではキャリア教育の一環として進路指導が行われるという関係にある。

一方で，現行の学習指導要領はキャリア教育の課題を「学校の教育活動全体で行うとされてきた意図が十分に理解されず，指導場面が曖昧にされてしまい，また，狭義の意味での『進路指導』と混同され，『働くこと』の実現や必要な資質・能力の育成につなげていく指導が軽視されていたりするのではないか，といった指摘もある」（文部科学省，2017b）としている。このことから学校の教育活動全体を通じて実施するキャリア教育・進路指導は容易に実現できるものではないことが理解できる。

(3) キャリア教育のカリキュラム・マネジメントと組織的な指導体制

前項で整理した課題の解決には，キャリア教育のカリキュラム・マネジメント，すなわち，教育課程に基づき組織的かつ計画的に各学校の教育活動の質的向上をはかっていくことが必要となる。カリキュラム・マネジメントには，PDCAサイクル（Plan-Do-Check-Action：計画―実行―評価―改善に向けた活動）

が用いられる。キャリア教育のカリキュラム・マネジメントのポイントを PDCA サイクルに当てはめて整理すると次のようになる（国立教育政策研究所，2011）。

P（計画）では学校や児童生徒の現状を把握し，目標を立てて課題を設定し，指導計画（全体計画・年間指導計画）を策定する。ここでは，学校や児童生徒の現状を踏まえて，目指すべき児童生徒の姿（育てる児童生徒像）を目標として明確にすること，目標達成のための課題を設定することが重要となる。また，指導計画の策定では，これまで学校で行われてきたさまざまな実践に隠れているキャリア教育の断片を洗い出し，それらをつなげて，足りない部分に新たな活動を取り入れる等の検討が必要となる。

D（実行）では，P で策定した指導計画に基づいて教育活動を展開し，フォローアップや修正を行う。

C（評価）では，P で設定した目標に応じて児童生徒の変化，特にキャリア教育の取り組み前後の変化を捉える。その際，子どもたちの変化を適切に捉える（評価する）ために，データに基づく評価（定量的評価）とデータの背景にあるもの（教師の印象，児童生徒の態度の変容，振り返りの記述）を合わせた包括的な評価を行うことが必要となる。

A（改善に向けた活動）では，C で導き出された新たな課題を踏まえていかすことが求められる。ここでは，導き出された新たな課題を指導計画の修正や，個別支援での指導の工夫，異校種や地域との連携にいかすことが重要である。また，その学校におけるキャリア教育の中核的組織の運営や，校内研修の充実等，組織的なキャリア教育の指導体制づくりにいかすことも重要である。

2. キャリア教育の「要」としての特別活動

(1) キャリア教育と特別活動

2017・2018 年改訂の学習指導要領では，児童生徒が「学ぶことと自己の将来とのつながりを見通しながら，社会的・職業的自立に向けて必要な基盤となる資質・能力を身に付けていくことができるよう，特別活動を要としつつ各教

科等の特質に応じて，キャリア教育の充実を図ること」が総則に明記された。キャリア教育の「要」，すなわち中核的な時間としての特別活動とは，学級活動／ホームルーム活動，その中でも特に「(3) 一人一人のキャリア形成と自己実現」のことを指している。

「要」は「扇の骨をまとめるために，末端近くに穴をあけて入れるくぎ」（西尾ほか，2000）を意味する。児童生徒が学校の教育活動全体で行われたキャリア教育に関わる活動・体験（「扇」の部分）を振り返り，自己の成長と課題を明らかにした上でこれからの生き方を展望する役割（「要」の部分）が，学級活動／ホームルーム活動に期待される（京免，2021）。一方で，「扇」あってこその「要」であり，特別活動を「要」としながら，キャリア教育全体をデザインし運営するカリキュラム・マネジメントが重要である。

(2) 特別活動におけるキャリア教育のポイント

キャリア教育と特別活動をつなぐキーワードは「役割」である（京免，2020）。社会はさまざまな人がそれぞれに役割を分担することで成り立っている。第12章（p. 163）で紹介した「特性・因子論」が今日のキャリア教育実践に影響を与えている例として，ホランド（Holland, J. L.）の職業選択理論が挙げられる（日本キャリア教育学会，2020）。ホランドは，人間の職業に関する興味（パーソナリティ）と職業的な環境（特定の仕事や職務の内容，求められる資質等）は RIASEC の6つのタイプで捉えることができるとしている。「現実的（Realistic：もの，機械，動物等を対象とする具体的で実際的な役割）」，「研究的（Investigative：研究や調査等により未知のことを明らかにする役割）」，「芸術的（Artistic：独創的で美的感覚が求められる芸術的な役割）」，「社会的（Social：人に接したり奉仕したり対人関係を通して行う役割）」，「企業的（Enterprising：企画，組織運営，経営等リーダーシップが求められる役割）」，「慣習的（Conventional：決められている方法を着実にこなしていく役割）」の6つである。ホランドは一人ひとりのパーソナリティのタイプと職業環境のタイプとが一致することで，その人にとって適職が選択できる可能性が高まることを明らかにしている。

第 13 章　すべての教育活動を通したキャリア教育はどのように行われているのか？

　学級・学校は小さな社会として捉えることができる。学級内での係分担や，学校の委員会活動，学校行事での役割分担等，さまざまな児童生徒がそれぞれに役割を分担することで，学級や学校は成り立っている。ホランドの RIASEC の 6 タイプを活用することで，係や委員会の活動，学校行事での役割分担は，児童生徒が自分のパーソナリティタイプを理解する機会としていかすことができる。例えば，京免（2020）によると，文化祭の役割分担は次のように整理できる。「現実的」役割は入場門やステージの組み立て，文化祭の用具を準備する。「研究的」役割は他校の文化祭を知るためにプログラムを集め，Web で調査する。「芸術的」役割は文化祭の会場の装飾を行い，当日に流す音楽の曲目を考える。「社会的」役割は外部からの来客受け付けや，会場案内を行う。「企業的」役割は実行委員として新しい企画を考え，実施に移す。「慣習的」役割は「物品を管理して貸し出しを行い，会計処理を行う。

（3）特別活動における体験活動とキャリア教育

　特別活動ではさまざまな体験活動が行われる。キャリア教育と関連する体験活動として第一にイメージされるのは中学校の職場体験活動であろう。小学校ではまち探検や職場見学が，高校ではインターンシップが行われている。農業体験や漁業体験，奉仕活動等の体験活動は小中高のいずれでも行われている。このように特別活動ではキャリア教育に関連するさまざまな体験活動が行われているが，体系的系統的なキャリア教育を行うためには，図 13-3 のようなキャリア発達を踏まえ「体験の焼き直し」（校種が変わっても同じ体験を繰り返すこと）を避けることが重要である。

　図 13-3 を踏まえると，進路の探索・選択にかかる基盤形成の時期である小学校の地域体験・職場見学では「働く大人や身近な仕事に興味をもつ」，「自分が多様な職場や人に支えられていることに気づく」等が体験活動の目標となる。現実的探索と暫定的選択の時期である中学校の職場体験では，「仕事における自分の興味・関心，得意・不得意を知る」，「働く人の実生活に触れ社会の現実に迫る」等が体験活動の目標となる。現実的探索・試行と社会的移行準備の時

177

就学前	小学生	中学生	高校生	大学・専門学校・社会人
	進路の探索・選択にかかる基盤形成の時期	**現実的探索と暫定的選択の時期**	**現実的探索・試行と社会的移行準備の時期**	
	• 自己及び他者への積極的関心の形成・発展 • 身のまわりの仕事や環境への関心・意欲の向上 • 夢や希望，憧れる自己のイメージの獲得 • 勤労を重んじ目標に向かって努力する態度の形成	• 肯定的自己理解と自己有用感の獲得 • 興味・関心等に基づく勤労観・職業観の形成 • 進路計画の立案と暫定的選択 • 生き方や進路に関する現実的探索	• 自己理解の深化と自己受容 • 選択基準としての勤労観・職業観の確立 • 将来設計の立案と社会的移行の準備 • 進路の現実吟味と試行的参加	

図 13-3　小学校・中学校・高等学校におけるキャリア発達

出所：文部科学省（2011）をもとに作成。

期である高校のインターンシップでは，「自分の職業興味や職業適性を把握する」，「学習と職業とのつながりを理解し，将来を展望する」等が目標となる。これらの目標を体験の受け入れ先（事業所）と共有し，体験活動を通して子どもたちに何を学んでほしいかを学校が積極的に伝えることが重要である。

3. 総合的な学習／探究の時間や各教科におけるキャリア教育のポイント

(1) 各教科におけるキャリア教育のポイント

各教科の学習を通して，自分の進路や将来設計への関心が高まり，主体的に学ぼうとする意欲の向上が期待できる。児美川は，各教科におけるキャリア教育を実践する方法として，①「主体的な学び」，②教科で学ぶ内容（コンテンツ），③子どもたちが身につける「能力」の3つを挙げている（児美川，2023）。①は既に本章1．(1) で述べた。②の例として社会科（公民科）での産業や経済活動，職業選択，労働法や労働者の権利についての学習や，家庭科でライフステージや生活設計，家計，保険等について学ぶ場面が挙げられる。また，国語の授業の中で取り上げられる評論文や小説，音楽や美術の授業で作詞家・作曲家や作品の制作者の生き様に触れることを通して，児童生徒は自らの生き方を考えた

り，そのための社会理解や自己理解を深めることもできる。各教科で学んだことが活用できる場面（すぐに役立つこと・すぐに実感できることに限らない）を子どもたちに伝えることが重要となる。

③は第12章で取り上げた社会的・職業的自立，社会・職業への円滑な移行に必要な力のことである。その中でも特に基礎的・汎用的能力を育てることがキャリア教育の目標である。このことを意識すれば教科教育ではそれぞれの教科等の内容だけではなく，その学び方（学習方法）を通じて子どもたちが基礎的・汎用的能力を身につける機会があることがわかる。例えば，グループ活動を通した協働的な学びが展開されればそれは人間関係形成・社会形成能力の育成につなげることもできる。

また，教科におけるキャリア教育では，各教科等の特質に応じること，すなわち各教科に特有の「見方，考え方」を踏まえたキャリア教育の実践が重要となる。つまり，必ずしもすべての教科のすべての時間で学ぶ内容を活用する場面を示したり，基礎的・汎用的能力のすべての要素をどの教科でも同じように育成したりする必要はないことが理解できる（石嶺，2021）。教科の学習を通して，子どもたちのキャリア発達のどの部分を育てることができるのかを常に問いながら実践することこそが重要なのである。

(2) 総合的な学習／探究の時間におけるキャリア教育のポイント

キャリア教育は基礎的・汎用的能力の育成を目指し，体験活動を重視してきた。教育課程の中で特別活動と並んで体験活動が多く行われるのが総合的な学習／探究の時間である。現行の学習指導要領では，総合的な学習の時間（小中学校）の目標を「探究的な見方・考え方を働かせ，横断的・総合的な学習を行うことを通して，よりよく課題を解決し，<u>自己の生き方を考えていくための資質・能力</u>を次のとおり育成することを目指す。(後略)」，総合的な探究の時間（高等学校）の目標を「探究の見方・考え方を働かせ，横断的・総合的な学習を行うことを通して，<u>自己の在り方生き方を考えながら</u>，よりよく課題を発見し解決していくための資質・能力を次のとおり育成することを目指す。(後略)」とし

ている(下線部は筆者による)。このうち,下線の部分がキャリア教育に関連する。

一方で「探究的な見方・考え方を働かせること」が総合的な学習／探究の時間の目標では明示されている。このことから,教科におけるキャリア教育と同様に,総合的な学習／探究の時間では探究的な見方・考え方を踏まえたキャリア教育を実践することが重要なポイントとなる。

本章で学習したように,キャリア教育は特別活動・各教科の学習・総合的な学習／探究の時間等,学校の教育活動のあらゆる場面で実践されている。キャリア教育を新たな活動として学校教育の中に取り入れるのではなく,「基礎的・汎用的能力の育成」等キャリア教育の視点から教育活動を見直すことが重要である。どのような学校教育の活動がキャリア教育と捉えられるか,考え続けてみよう。

引用文献

石嶺ちづる(2021).全ての教育活動を通したキャリア教育の実践,特に各教科等の特質に応じた実践の在り方について説明しなさい.藤田晃之・森田愛子(編著).特別活動・生徒指導・キャリア教育.協同出版,pp. 196-197.
京免徹雄(2020).特別活動とキャリア教育.吉田武男(監修)吉田武男・京免徹雄(編著).MINERVA はじめて学ぶ教職 14 特別活動.ミネルヴァ書房,pp. 91-102.
京免徹雄(2021).「特別活動を要としてキャリア教育を実践する」とは,どのような実践を意味しているのか。そのポイントを述べなさい。藤田晃之・森田愛子(編著).特別活動・生徒指導・キャリア教育.協同出版,pp. 198-199.
国立教育政策研究所(2011).小・中・高等学校における基礎的・汎用的能力の育成のために
国立教育政策研究所(2019).国際数学・理科教育動向調査(TIMSS2019)のポイント
児美川孝一郎(2023).キャリア教育がわかる──実践をデザインするための〈基礎・基本〉.誠信書房
中央教育審議会(2008).幼稚園,小学校,中学校,高等学校及び特別支援学校の学習指導要領等の改善について(答申)
西尾実・岩淵悦太郎・水谷静夫(編)(2000).岩波国語辞典第六版.岩波書店
日本キャリア教育学会(編)(2020).新版キャリア教育概説.東洋館出版
文部科学省(2011).中学校キャリア教育の手引き
文部科学省(2017a).小学校学習指導要領解説 総則編
文部科学省(2017b).中学校学習指導要領解説 総則編
文部科学省(2018).高等学校学習指導要領解説 総則編

第 14 章

子どもの進路選択を支える
教師であるために
—— 進路相談とキャリア・カウンセリング

≪≪≪　学習のポイント　≫≫≫

- ✅ 進路相談・キャリア・カウンセリングの進め方を
　理解する。
- ✅ 進路相談・キャリア教育による子どもの変容の見
　取り方を考えられる。
- ✅ 進路相談・キャリア教育を行う際の留意点を説明
　することができる。

> 進路指導・キャリア教育はともすると将来の職業目標を決める活動であると誤解されやすい。主に中学校で行われる職場体験学習もその活動の一部ではあるが，単に就きたい職業を決め，計画的に学習に取り組むことができるようになることだけを目指すのではなく，将来社会の中で自らのキャリアを選び・決めていくための力を育むことが求められている。では，そうした力を育成するためにはどのようなタイミングで児童生徒の相談に乗ったらよいのだろうか。また相談を通して将来のことをどのように考えさせたらよいのだろうか？

1．進路相談，キャリア・カウンセリングとは

　進路指導の活動において，個別面談や三者面談など相談に乗ってもらった経験がある人は多いのではないだろうか。

　近年では地域によってキャリア・コンサルタントやキャリア教育コーディネーターなど，キャリアの専門職を学校に配置し，教師だけでなく専門職と連携して進路相談・キャリア・カウンセリングを行う学校も登場してきている。そうした現状において，教師による進路相談，キャリア・カウンセリングはどのように進めたらよいだろうか。まずはその意義と進め方をみていくことにする。

(1) 進路相談，キャリア・カウンセリングの現状

　子どもたちの多くにとっては，高校選択が人生で初めて直面する選択の岐路になる。そうした社会において，高校進学率が98.7％となり（文部科学省，2023a），義務教育ではないものの，多くの子どもたちが高校選択という進路選択を経験する現状がある。また近年，義務教育終了後の進学先の多様化や社会の複雑化が指摘されるとともに，高等学校教育においてもその特色化・魅力化をはかっ

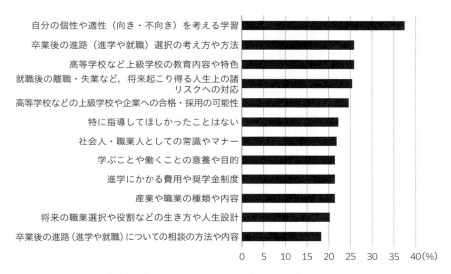

図 14-1　中学校在学時に指導してほしかった事柄
出所：国立教育政策研究所（2020）をもとに作成。

ていく動きが広がっている。そうした中，多様な選択肢の中から自身の進路を選択することは，生徒一人で行うには難しく，生徒たちも保護者や教師の助けを求めているというデータもある。では，生徒たちは進路選択にあたって，どのような支援を求めているのだろうか。

図 14-1 は国立教育政策研究所（2020）の調査結果を一部抜粋して作成したデータである。中学生が自分の将来の生き方や進路について考えるため，学級活動の時間や総合的な学習の時間などで指導してほしかった事柄の 1 位は「自分の個性や適性（向き・不向き）を考える学習」，それに次いで「卒業後の進路（進学や就職）選択の考え方や方法」，「高等学校など上級学校の教育内容や特色」という結果になっている。つまり進路選択をする際に自分の適性を把握できるような支援や，どのように進路を選択したらよいかという支援，そして進路先の情報などを求めていることが読み取れる。情報収集についても，以前は教師が進路情報の提供を行うことが進路指導の重要な活動のひとつとなってい

たが，昨今は ICT ツールなどの発展により生徒たち自身でアクセスできる情報が増えている。しかしその一方で情報が多いからこそ，どのようにそれらの情報を取捨選択したらよいか迷う生徒たちも多くなっていると推察される。

また高等学校を中途退学する理由を示したデータでは，上位に「学校生活・学業不適応」「進路変更」が挙げられている（文部科学省，2023b, p. 116）。高等学校を中途退学する学生の割合は減少傾向にはあるものの，一旦進学した後で進路相談やキャリア・カウンセリングを受けることが，その後の進路選択を考えることを助け，進路変更する際のみならず，その後のキャリア形成の支援にもつながるだろう。

このように，在学中の生徒を対象とした進路選択支援としての進路相談や，進路変更や不適応状態に対する支援としての進路相談，さらには適応的に過ごしている児童・生徒たちに対するキャリア教育の一環としての進路相談など，学校における進路相談，キャリア・カウンセリングのニーズは高いといえよう。

発達途上の生徒たちのキャリア形成において，進路選択や決定は暫定的なものであること，また本人が自ら選択・決定できるようサポートすることに留意して，支援を行っていくことが求められている。

（2）進路相談，キャリア・カウンセリングの定義

では，生徒たちのそうしたニーズに対し，進路相談，キャリア・カウンセリングをどのように行っていけばよいのだろうか。ここでは，「進路相談」は進路指導が教育活動として位置づけられている中学校・高等学校における活動であり，「キャリア・カウンセリング」は中・高に限らず広く進路やキャリアの相談活動を指すものとして捉え，述べていくこととする。

進路相談は，狭義では進学先や就職先の選択決定に際して，自ら主体的に情報を収集し，意思決定していくことができるよう必要な支援を行う活動とされている。特に学校においては，上級学校への進学を目前に控えた生徒たちを対象としてその選択を支援する目的で情報提供をしたり，将来の職業選択のために産業・職業の情報を提供したりすることがイメージされやすい。

第14章　子どもの進路選択を支える教師であるために

　一方，進路相談，キャリア・カウンセリングをもう少し広義に捉えるとすれば，生徒の自己理解を促すための支援や，どのような生き方をしたいのか，人生において大切にしたい価値観などを生徒が見つけていけるような支援も含む相談活動であるといえる。

　第12章にもあるように，キャリアとは「人が，生涯の中で様々な役割を果たす過程で，自らの役割の価値や自分と役割との関係を見いだしていく連なりや積み重ね」と定義されている（中央教育審議会，2011）。目の前の選択のためだけではなく，将来に向けて自分のキャリアを形成していくための気づきを得させ，自覚していない生徒の個性を引き出すための相談活動も，早い段階での支援として重要な役割を担っている。

　『進路指導の手引——中学校学級担任編（三訂版）』（文部省，1994）では，進路指導で行うべき6つの活動として，①生徒理解，②進路情報の提供，③啓発的経験，④進路相談，⑤進学先・就職先の選択・決定，⑥追指導が挙げられている。これら6つの活動の中でも進路相談については「個別あるいはグループで，進路に関する悩みや問題を教師に相談して解決を図ったり，望ましい進路の選択や適応・進歩に必要な能力や態度を発達させたりする活動である」と記されている。つまり，個別の相談に応じるだけでなく，相談を通じて生徒の能力や態度の発達に資するような活動を行うことも含んだ活動として位置づけられているのである。

2. キャリア・カウンセリングの理論と進め方

　上記のような進路相談，キャリア・カウンセリングはどのように進めていけばよいだろうか。この節ではキャリア・カウンセリングのいくつかの理論を紹介しつつ，学校でどのようにそれをいかしていくことができるのか，考えていくことにする。

(1) キャリア・カウンセリングの理論

　キャリア・カウンセリングの初期の理論のひとつにパーソンズらのマッチング理論がある。カウンセリングの祖ともいわれ，①自己の興味や関心，能力などの理解をし，②職業に求められる資質や能力，条件などの理解を進め，③①と②を合理的推論を通じてマッチングさせていくもので，具体的な進路選択場面において活用されることが多く，進路相談，キャリア・カウンセリングを進める際の基本となる考え方とされている（労働政策研究・研修機構，2016）。

　また，ホランド（2013）のように人のパーソナリティを6つのタイプに分類し，それにあった職業分野を選択することで，よりよい選択ができると考える理論も相談場面では活用されることが多い。VRT 職業興味検査など，複数の質問に回答することで，自身の職業興味がどの分野にあるのか知ることができるツールも，進路指導の場面でも広く活用されている。

　さらに近年では，社会の変化が激しくなる中で，早期から明確に目標とする職業を決め計画的に進路を設計することが難しいため，変化に対応する力の育成を目指していく必要があるとした理論も登場している。

　そのひとつとして，クランボルツとレヴィン（2005）は，計画的偶発性理論を提唱し，変化が激しい社会においてよりよく生きていくためには①好奇心，②持続性，③柔軟性，④楽観性，⑤リスクテイキングのスキルを身につけていくことが重要であると述べている。特に職業選択を迫られる発達段階に至っていない子どもたちへの支援においては，後のキャリア選択に備えて土台となる力の育成を促していくことが必要になるという考え方である。

　さらに相談者の主観に着目したカウンセリング理論も登場している。その一人であるサビカス（2015）は，相談者自身の主観やキャリアに対する意味づけに着目し，カウンセリングを通じて人生のテーマに気づかせていくような支援を提唱している。

第 14 章　子どもの進路選択を支える教師であるために

（2）個別の指導・援助で目指すもの

　前項で述べたように，進路相談やキャリア・カウンセリングの理論も時代とともに広がりをみせているが，それらの基本にあるのはやはり児童生徒がもつ価値観や思いを可視化していく支援を行うことであろう。進路相談やキャリア・カウンセリングではともすると児童・生徒よりも経験がある大人がよりよい進路を教えたり導いたりしてしまいがちであるが，変化する社会において，どのような道があるのか示すことはあったとしても，何が正解なのか教えることはできない。

　児童生徒たちが，学校教育などを通じて経験したこと，学習したことを意味づけ，自分の成長への気づきを促し，人生を選択していく際の価値観を築いていくことができるよう促していくことこそが，個別の指導・援助において目指すところであろう。

　また，教師対児童生徒による相談のみならず，児童生徒同士が支え合うようなつながりを育てることも有効である。教師が個別に進路相談を行うとなると，どうしてもそのためにかかる時間の確保も課題となる。そうした時間を確保できるようカリキュラムを編成する一方で，ともに学ぶ者同士，ピア・カウンセリング[*1]ができるような学級集団づくりを進めることによって，その課題を緩和することもできよう。さらに進路相談やキャリア・カウンセリングには保護者の影響が強く関わっていることも忘れてはならない。子どもたちのキャリアは子ども自身のものであることは確かだが，経済的な問題や生活環境による影響を受けることも事実であるため，親子での対話の機会をつくれるよう配慮し，保護者と児童生徒との三者でともにどのような選択肢があるのか，またその子の選択をどう支援していくのか，同じ方向を向いて支援ができるような関係づくりを保護者との間でつくっていくことも大切になってくる。

＊1　同じ背景をもつ者や仲間同士が対等な立場で支え合う心理的援助技法。

187

(3) 個別支援の実際

何を大切にして進路選択をしていきたいのか，何に興味があるのか，それを明確に語ることができる児童生徒は多くはない。ではそのような場合，どのように支援できるのだろうか。

例えば，「将来やりたいことがない」という中学校3年生の生徒を例にとってみよう。この生徒に単に「夢をもちなさい」「やりたいことを探してきなさい」というだけでは，自身の将来像を描くことは難しいだろう。まずはお互いのラポールを形成し，経験した活動を具体的に振り返りながら，そのときの感情や具体的行動を思い出し，自分の強みや関心事がどこにあるのか，気づかせていくような関わりをしていくことで，自分の「できる」や「やってみたい」を見つけることにつながる手助けとなることもあるだろう。

3. 進路相談，キャリア・カウンセリングとキャリア教育

(1) キャリア教育とキャリア・カウンセリングをどうつなぐのか

ここまで進路相談，キャリア・カウンセリングの活動の進め方を中心に述べてきた。実際，進路相談やキャリア・カウンセリングは，集団で行うものも含まれはするものの，個別の支援になることが多い。しかし，個別の支援を行うためには，その前段階として体験や活動の場が教育活動の中に位置づけられている必要がある。ではキャリア教育と進路相談，キャリア・カウンセリングをどのようにつなげていけばよいのだろうか。

ひとつは，児童生徒が自身の学びや成長を見取り自己評価をしていく際に，進路相談やキャリア・カウンセリングをいかすことができるだろう。

また，職場体験活動や地域と連携したキャリア教育の取り組みをただ活動させるだけで終わるのではなく，進路相談やキャリア・カウンセリングの活動とセットにして実践することで，自己の活動を客観視したり，体験を通じて得られた気づきを自分の価値として明確にしたりしていくことができるだろう。

(2) 子どもの変容をどう捉えるか

　職業人の話を聞いたり，体験活動を通して社会と関わる経験をさせたりするキャリア教育，地域や行政と連携した取り組みも増えている。しかしそうした活動を行うだけでは自身のキャリアについて深く考えることは難しく，児童生徒の自身の進路選択と活動で得たことが結びつきにくいことが多い。

　そこで進路相談，キャリア・カウンセリングを有機的につなげていくためのツールとして導入されているのが，キャリア・パスポートである。キャリア・パスポートには，活動をただこなすのではなく，そこから学び，その学びを自身のキャリア形成に結びつけて考えることをサポートする役割がある。

　例えば小学校の行事に取り組む際，その行事を通して何を頑張りたいのか目標を共有した上で活動を行い，事後にその力が付いたのかどうか，日々の教科の授業で学んだことと行事の活動につながりがあったのか振り返りを記入してもらう。また他者からのフィードバックをもらい，自分の振り返りと照らし合わせて自身の成長や挑戦を可視化していく。その際，学級内のピア・カウンセリングや教師とのキャリア・カウンセリングを活用することもひとつの方法である。子どもたちが将来人生の岐路に立った際に振り返り，次のキャリアを選択する際の材料のひとつとして活用できるようにするためにも，キャリア・パスポートを活用した進路相談，キャリア・カウンセリングを意図的に教育活動に取り入れていけるとよいだろう。

本章で学んできたように,児童生徒を取り巻く社会は,想像以上に変化が激しくなっている。そうした社会の中で生き抜く力を育てていくためには,児童生徒だけでなく教師自身も視野を広げ,世の中にはどのような生き方や進路があるのか,どのような実践を行えば児童・生徒がよりよく生きていくための力を育んでいくことができるのかを考え続けることが求められる。自身の強みを考えたり,知らない世界に触れたりし,自分の価値観を明確にしていくためには他者と対話する時間をどのように教育活動に位置づけていけばよいのだろうか? 進路相談やキャリア・カウンセリングの在り方やとり入れ方を問い続けてほしい。

引用文献

国立教育政策研究所（2020）．キャリア教育に関する総合的研究　一次報告書
中央教育審議会（2011）．今後の学校におけるキャリア教育・職業教育の在り方について（答申）
文部科学省（2023a）．学校基本調査——年次統計
文部科学省（2023b）．「令和4年度　児童生徒の問題行動・不登校等生徒指導上の諸課題に関する調査結果について」
　　https://www.mext.go.jp/content/20231004-mxt_jidou01-100002753_1.pdf（2024年10月10日閲覧）
文部省（編）（1994）．中学校・高等学校進路指導の手引——中学校学級担任編（三訂版）．日本進路指導協会
労働政策研究・研修機構（2016）．新時代のキャリアコンサルティング
Holland, J. L. (1997). *Making vocational choices: a theory of vocational personalities and work environments, 3rd eds.* Psychological Assessment Resources.（ホランド，J.　渡辺三枝子・松本純平・道谷里英（訳）（2013）．ホランドの職業選択理論．雇用問題研究会）
Krumboltz, J. D. & Levin, A. S. (2004). *Luck is no accident: making the most of happenstance in your life and career.* Impact Publishers.（クランボルツ，J. D.・レヴィン，A. S.　花田光世・大木紀子・宮地夕紀子（訳）（2005）．その幸運は偶然ではないんです！　夢の仕事をつかむ心の練習問題．ダイヤモンド社）
Savikas, M. L. (2011). *Career Counseling, Theories of Psychotherapy Series.* American Psychological Association.（サビカス，M. L.　日本キャリア開発研究センター（監訳）（2015）．サビカス　キャリア・カウンセリング理論．福村出版）

第 **15** 章

学校における効果的な多職種連携とはどのようなものか？
—— 保護者・地域・関係機関との連携

≪≪≪　学習のポイント　≫≫≫

- ✅ 学校内の校務分掌・専門家との連携について説明できる。
- ✅ 保護者や近隣地域との連携について説明できる。
- ✅ 地域社会や関係機関にどのようなものがあるか説明できる。
- ✅ 学校における諸課題を「連携」の観点からも捉えることができる。

これまでの章では，学校における生徒指導上のさまざまな課題について学んできた。これらの課題への対応は，学校外での対応が必要なものも多くあり，学校はさまざまな関係機関との連携を行う必要がある。それでは，学校が連携を行うべき関係機関とはどのようなものがあるだろうか。これまでの章の学習を振り返り，思いつく限り挙げてみよう。

1．連携の概要

(1) 連携の観点における「チーム学校」の考え方

生徒指導は「チーム学校」の考え方が基本であり，教員一人のみが対応するということは稀である。実際の児童生徒や保護者の対応を学級担任が担うことになったとしても，学年の教員や生徒指導主事，養護教諭，管理職等へ適宜，報告・連絡・相談を行い，さまざまなバックアップを得ながらそれぞれの事象に対応することが基本となる（第2章参照）。

このような「チーム学校」の考え方は，校内の教職員のみを対象とする概念ではなく，学校を訪れる専門家との連携も含むほか，範囲をより拡大して，地域の関係機関との連携を含むものでもあることを理解する必要がある。特に非行や子どもの貧困，ヤングケアラー，児童虐待等の社会的な問題では地域の関係機関との連携が重要な役割を果たすほか，いじめや不登校に関する課題では，地域のサポートを得ながら関わることが効果的に作用する場合も多い。

(2) 地域の社会資源との連携

このように，「連携」というものを考えた場合，連携する対象は学校内で完結するものではなく，学校は地域の中の社会資源のひとつであることを十分に理解し，学校外とのつながり，また教育関係者でないほかの職種とのつながりを

もつことに意識を向ける必要がある。

学校は地域社会の中で成り立っている。学校の運営では，図書室の運営や通学路・校内等の見守り等に保護者や地域のボランティアの方々の協力があることが多い。また，社会科見学や遠足，校外での体験学習等の例をみても，学校は地域と多くのつながりがあるものである。

生徒指導の領域でも，交通安全や薬物防止等の講習（警察との連携），防災や救急救命の講習（消防との連携），職業セミナー（進路指導における地域の職業人との連携），性暴力被害防止の講習等，問題事象の対応ではなく，児童生徒の学びの場としても地域の協力を得て成り立つものが多いことがわかる。

このような，日常的で緩やかなつながりの中で学校教育が成立しており，これらのネットワークが社会で子どもを育てる仕組みを形作っているものである。児童生徒が保護者や地域社会の支えを（はっきりとは意識していなくとも）感じながら生活をすることで，児童生徒自身の社会とのつながりを自覚し，基本的な社会生活の習慣を確立し，社会の中で生きる資質や能力を伸ばしていくこととなるのである。

このような日常的で緩やかなネットワーク（図 15-1）を基盤として，生徒指導上の諸課題が生じたときに，必要な機関と必要なときにタイムリーにつながることで，予防的な関わりや早期の対応が実現でき，学校と関係機関との連携によって効果的な支援が可能となると考えられる。

2．チーム学校を基盤とした校内での専門家との連携

(1) 校務分掌とチームとしての学校

学校内の校務分掌と諸問題に対するチーム学校での関わりについては，第 2 章に記載されているので，参考にされたい。専門職との連携や学校外連携においてもチーム学校の考え方は重要な要素であるため，本章でも，概要を振り返っておくこととする。

学校内では教職員は校務分掌により役割分担がなされているが，生徒指導の

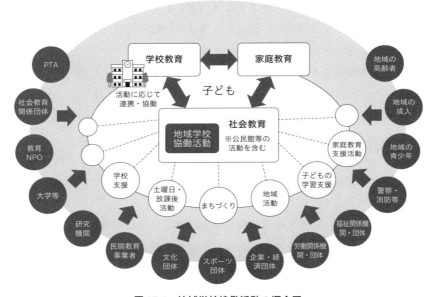

図 15-1　地域学校協働活動の概念図
出所：文部科学省（2019）をもとに作成。

分野では，生徒指導部会で学校内の生徒指導全体の統括を行っている。不登校，いじめ，特別支援教育等に重点的な課題をもっている学校では，生徒指導部会とは別個にこれらの対応のための校内委員会を設けているところもある。生徒指導主事や特別支援教育コーディネーター等の役割をもち，これらの部会・委員会をマネジメントすることになった場合は，特に学校や学年全体の動向について，PDCAサイクルを意識して適切な運営ができるように，報告・連絡・相談し合う組織的体制の一部を担う必要がある。担任やその他の立場で何らかの生徒指導の事案に関わる場合（例えば，いじめ発覚時に臨時の対応チームを組織する場合等）も，組織的対応を意識しながら行動する必要がある。

　保護者に協力を求めることが必要な場合も，次項以降で述べる専門家との連

携も，学校内連携が円滑に行われており，組織的な対応が恒常的に機能していることが，児童生徒や家庭等への効果的な関わりに重大な影響を与えることを念頭におかなければならない。

(2) 教員以外の専門家との連携

2017年の学校教育法施行規則一部改正により，スクールカウンセラー（以下，SC）やスクールソーシャルワーカー（以下，SSW）の職務がそれぞれ規定され，心理，福祉の専門家として学校で児童生徒支援を行うことが当たり前となった。また，近年では，地域によってはスクールロイヤー[*1]を活用している自治体も増えており，生徒指導の分野において学校に関わる専門職との効果的な連携について教師も十分に理解しておく必要がある。

SCやSSWの配置形態や活用のされ方は地域により大きな差があることが知られている。自分の勤務する自治体や学校種では，これらの専門職をどのように活用しているのかを知るところからはじめる必要がある。また，SCやSSWの役割は流動的であり，学校内連携の中で教職員チームの一員として対応を行う場合や，学校外の関係機関につなぐ場合等事案によってさまざまな活用の仕方があり，限定的な役割として考えることは効果的ではない。それぞれの学校で，生徒指導主事や特別支援教育コーディネーター，養護教諭等，校内の生徒指導の事象を把握している立場の教員がコーディネーター（窓口）役となって調整している場合が多く，校内での活用については窓口の教員に相談するとよい。

SCやSSWはあくまでも「活用」し「協働」するものであり，このような専門家がチームに入ったからといって教員がその事案について関わらないということでは決してない。教職員チームは，自らの生徒指導に関する知識や技能を常に高めながら，プロアクティブな生徒指導の段階から解決困難な生徒指導の課題まで多様な問題に対応する力量を高める必要はあるものの，教育の専門領

＊1 令和2年度から教育行政に係る法務相談体制の整備が進められており，学校や教育委員会が法務の専門家に相談できるようになっている（文部科学省，2022a）。

域でない側面に関しては，専門家の意見を仰いだり，一緒に検討や対応を行ったりする姿勢が重要である。「生徒指導の主体は教員だから」と抱え込むことも，「専門家に入ってもらっているから任せておけばいい」と任せっきりにすることもチーム学校の理念に反している。このような極端な行動をとることなく，お互いにコミュニケーションをとりながら，事案に合わせて役割分担を調整していく力やバランス感覚が求められる。

SC や SSW は特別な存在ではなく，「あの子，少し様子が心配だから気にかけておこう」といった程度の日常的な気づきを，同僚教員と共有するのと同じように SC や SSW に共有しておくことで，日々の教育活動の中で有効な関わりのヒントを得たり，問題が顕在化したときに早期に対応できたりするためのものである。また，年度・学期はじめの関係づくりのワークや自殺予防教育の授業等にゲストティーチャーとして参加してもらう，子どもの見取り[*2]を共有し効果的な学級経営に助言をもらう等も，"プロアクティブ"（文部科学省，2022b）の段階での活用といえよう。

学校組織のレベルでも，SC や SSW は，いじめ防止対策や不登校対策の校内委員会の一員とすることが求められており，学校全体で組織的に活用する必要もある。つまり，重大な問題が生じたときに対応を求める相手ではなく，日常的な予防・開発的アプローチの段階から活用することで，学校におけるあらゆるレベルの問題でも連携を行うイメージをもっておく必要がある。

3. 身近な社会との連携

学校外との連携としては，「身近な社会との連携」，「専門機関との連携」の2つの視点がある。本節ではまず身近な社会との連携について学んでいく。

---

*2　見取りとは，「評価の対象を児童生徒に絞り，先生方が子どもたちの現状や学びの成果を把握する」こと（国立教育政策研究所，2015）。

（1）保護者との連携

　学校外との連携の最も身近なものは保護者との連携である。そもそも，学校教育は保護者の理解と協力なしでは成り立たないものではあるが，特に生徒指導では，保護者も児童生徒の重要な「支援者」という側面で連携をとる必要が生じる場合もある。保護者の意向に配慮しつつ，児童生徒の状態についての捉え方を共有し，学校・家庭それぞれがどのような関わりをもつのか役割分担を丁寧に行う必要がある。

　また，特に福祉分野での課題が生じている場合（例えば，合理的配慮の必要性，児童虐待，子どもの貧困，ヤングケアラー，非行等）は，保護者に問題意識が低い場合や保護者自身も困難さを抱え支援が必要である場合も少なくなく，どの程度理解や協力が得られるかを見定める必要が生じることもある。チーム学校で相談しながら対応しつつ，SC や SSW にも早期に相談し，どのような関わり方をするとよいか助言を求めることが必要である。事例によって，専門職を学校の一員として紹介した方がよい場合や，学校とは距離感のある外部の専門家として紹介した方がよい場合等があり，こうした立ち位置についても，それぞれの専門家と相談しながら調整するのがよい。

（2）近隣地域との連携

　学校教育は近隣地域の協力によって成り立っている。登下校中の通学路や校内の安全確保，図書室の運営，補充学習等さまざまな面でボランティアを含めた近隣地域住民と連携をとっている。また，場合によっては近隣地域で盛んな産業，伝統技能，伝承遊び等に触れる体験学習等も設定されているほか，市民センターや児童館等を活用した授業が行われる場合もある。PTA により運営が支えられているものも多く，児童生徒のよりよい学びには大人がよい学習者としてのモデルを示すことも大切である。これらは，教科による学習だけでなく，生徒指導で伸ばしたい資質・技能にも大きく関わるものであるほか，生涯教育の観点からも重要である。

子どもたちを地域で育て，生涯を通じて学び続ける人を育むという視点で教育を行う上で，近隣地域との連携は欠かせないものである。また，地域の目があることで，学校では気づかない児童生徒の一面に気づいたり，問題を早期に発見できたりすることがある等，問題対応の面でも地域とのつながりは重要なものである。

(3) 拡大された地域との連携

　生徒指導においては，「地域」とは校区のある近隣地域のみを指すことは少なく，距離的にはより広範囲であっても，生徒指導の諸問題に関連する他機関と連携をとることも多い。校区の中にある地域資源（例えば，児童館，市民センター，児童発達支援センター，放課後等デイサービス，民生委員・児童委員等）や中距離の地域資源（区役所，市役所，町村役場〔子ども家庭福祉に関わる部署〕や警察署，医療機関等），複数の自治体にまたがるような機関（児童相談所や福祉事務所，教育支援センター〔適応指導教室〕等）等があり学校はこの校区や近隣地域のみならず，校区から拡大された関係機関の設置されている範囲も「地域」としての認識をもつことが重要である。

　このような，地理的にも分野としても多種多様な機関を，学校を取り巻く「地域」として認識することで，児童生徒の抱える多様な問題への支援が可能となることを覚えておく必要がある。

(4) クライシスマネジメント

　Practical Information on Crisis Planning では，クライシスマネジメントにおいて，図 15-2 のようなサイクルを提唱している（U. S. Department of Education, 2016）。これによると，学校における危機的状況への対応は，事態の発生後の対応のみを指すものではなく，予防と緩和（Mitigation & Prevention）の段階，準備性（Preparedness）の段階，対応（Response）の段階，回復（Recovery）の段階の，4 段階に分類することができる。これを日本の学校教育における活動と照らし合わせたものを表 15-1 に示した。これを見てもわかるとおり，日常的な

第 15 章　学校における効果的な多職種連携とはどのようなものか？

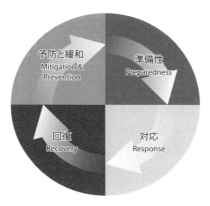

図 15-2　School Crisis とその対応の考え方
出所：U. S. Department of Education（2016）をもとに作成。

表 15-1　School Crisis と学校における安全管理・生徒指導との関連

予防と緩和 (Mitigation & Prevention)	準備性 (Preparedness)	危機対応 (Response)	回復 (Recovery)
課題予防的生徒指導 • 安全教育（避難訓練や救急救命講習等） • いじめ防止教育 • 自殺予防教育（SOSの出し方教育を含む） • 薬物乱用防止教育 • 情報モラル教育 • 非行防止教育　　等	教職員による安全管理 • 設備の確認，メンテナンス • 分掌やマニュアルの整備，確認 SC 等の専門家との日常的な連携，協働	校内連携型危機対応チームによる対応 • 正確な情報の共有 • 心理社会的反応の理解と適切な対応（専門家チームによる心のケア含む） • 外部の関係機関への支援要請　　　等 マスコミ等報道への対応 避難所等の運営	回復への対応 • 継続的な支援（心のケア含む） • 記念日反応への対応 再発防止や対応改善のための振り返り

出所：筆者作成。

　課題予防的生徒指導やチーム学校による校内もしくは専門家との日常的な連携が危機対応の基盤になり得るものであり，対応が滞りなく進み回復を順調に進めることにつながることを十分に理解しておく必要がある。

　学校では，自然災害や，地域で生じた事件・事故，学校管理下で生じた事件・事故，児童生徒や教職員の死傷等，教職員の不祥事や感染症の流行等さまざまな衝撃的な出来事が生じることがある。このような事態には心理的・社会

199

的な反応が生じることを前提として，上述のような危機対応の対策を講じておくことが必要となる。特に児童生徒の自死が起きたときは，警察等による事実調査と心の専門家チーム等による心のケア等が同時進行で行われる場合もあり，それらが混乱せずに進められるように体制を整えておく必要がある（福岡県臨床心理士会，2020）。

学校は自然災害発生時の避難所のひとつに指定されているほか，児童生徒のケアをすることで児童生徒を支えている保護者・家庭ともつながることができ，より広範囲に支援の手を行き届かせることができること等を考慮すると，日常的な場面だけでなく，想定外のあらゆる場面で地域とのつながりが重要な意味をもつことを知っておくことも重要である。

4. 専門機関との連携

次に，学校外の連携としてのもうひとつの視点である，専門機関との連携について学んでいく。

学校において，学校外の連携とは専門機関との連携を指すことが多い。専門機関との連携は生徒指導上で重要な意味をもつものであり，上述のとおり，学校は地域の中で機能していることを認識しながら，教育の専門機関としての学校がその他の専門分野の機関とどのようにつながり，役割分担をしていくことで，児童生徒や家庭を効果的に支援し得るのかについて，よく検討することが必要である。

専門機関との連携は，問題の種別や関係機関の専門分野により多様な広がりをもつものであり，同じ問題に複数の異なった専門分野の機関と連携をとることがある。また，学校が直接連携をとる場合や，SC や SSW と協働しながら外部の機関と連携をとる場合等，対応の仕方にもバリエーションがある。本章では，関係機関との連携については，その専門分野の領域別で分類している。

第15章　学校における効果的な多職種連携とはどのようなものか？

(1) 福祉領域の連携

　福祉領域は児童の福祉に関わるさまざまな対応を行うものである。特に児童相談所は18歳未満の児童（この場合の「児童」とは児童福祉法における児童を指す）の福祉全般を担う機関である。児童相談所自体には児童虐待を含む養護相談のほか，障害相談，非行相談，育成相談，保健相談，その他の相談を受ける機能があるが，最も連携すべきは子どもの生命や尊厳の保障に直結する児童虐待に関する事象である。市民全体に児童虐待の通告義務があるものの，学校は児童生徒やその家庭と深く関わる機関であることから，児童虐待の防止や早期発見・早期対応に対して学校の果たす役割は大きいと考えられる。

　児童虐待は，一概に家庭のみの責任ともいえず，家庭自体が困難さを抱え，支援を必要としている場合も多いものである。家庭自体に困難さがみられるものとして，子どもの貧困やヤングケアラー等はその代表例であり，子どもの支援と家庭の支援の両方を並行して行うことが必要である。このような問題の場合は，地域の区役所，市役所，町村役場の子ども家庭の福祉に関する部署や福祉事務所等と連携をとりながら，必要であればほかの支援団体にもつながるような支援が必要である。要保護児童対策地域協議会ではこのような子どもと家庭の両方に関わる問題に対しての地域のネットワークによる見守りを行っている。教育領域からはその校区の中学校校長が出席する場合が多く，校長を介して地域とのつながりを保ち，ネットワークに参加するさまざまな立場の者が連携をとるよい機会となっている。

　また，障害児支援も福祉領域の重要な分野である。就学前に受けていた療育や支援が小学校・中学校でも当たり前に引き継がれ合理的配慮がなされること，高校等の上級学校に進学する際にも学校で行った支援が引き継がれること等が重要である。特別支援学校や特別支援学級等「枠」にはめることなく，どのような場でも合理的配慮が受けられるようなインクルーシブ教育の実現のためには，教師が障害児やその対応に関する適切な知識・技能を身につけておくことが必要となる。療育機関や放課後等デイサービスでは，その機能の中に地域支

201

援が含まれており，（それらの機関からみたときの「地域」のひとつとしての）学校と協議を行うことも多い。また，放課後等デイサービスには不登校支援の機能をもっているものもあり，課題が複合している場合でも対応できることがある。学校での適切な支援のために，これらの機関の性質とその連携方法を理解しておくとより効果的な連携ができるものと考えられる。

障害児に関する福祉的な支援では，児童生徒が新たに療育手帳を取得する場合や外部で療育等を受ける場合等，学校を仲介して他機関とつながる場合も多い。また，福祉領域では複数の問題が混在し事例の理解や対応が困難な場合も稀ではない。特別支援教育コーディネーターや SC，SSW 等の専門家とよく連携し，適切な機関と必要なときにつながれるようにしておくことで，児童生徒の最善の利益を保障することができると考えられる。

その他，いじめ加害や非行，不登校等，一見福祉とは関係のないような問題の背景に，家庭の困難さや児童生徒本人の発達の偏り等が関係している場合もあり，「この問題はこの機関」と短絡的に結びつけないような柔軟な対応が必要である。

(2) 医療・保健領域の連携

学校における医療・保健領域の連携は，養護教諭が中心に担うものであるが，身体疾患，てんかんやアレルギー等の対応については，どの教職員も把握しておかなければならないものである。近年では，医療的ケア児の対応についても注目されており，特に特別支援学校では校内で看護師と連携をとることもある。ただし，この項では，生徒指導の文脈での医療・保健領域の連携に限定して述べることとする。

学校で医療・保健領域と連携を行う例の大部分が，特別支援教育と児童生徒の心理的問題に対する支援に関するものである。特別支援教育では，神経発達症（発達障害）の支援を受ける者が多い。医療機関では医師による診察や投薬のほか，心理検査や心理療法，言語療法や作業療法等，児童生徒の状態に応じてさまざまな支援を受けることができる。学校は，医療機関から対応の助言を受

第15章　学校における効果的な多職種連携とはどのようなものか？

けたり，検討会を開催して情報共有等を行ったりすること等もあり得る。地域によっては小児科や療育機関等が医療・保健の中心を担っている場合もあり，その学校のある地域がどのような機関と連携を行っているのかをよく理解しておく必要がある。

　児童生徒の心理的問題に関しては，多種多様な問題があり，チック等比較的一般的にみられるものや，起立性調節障害等内科的な対応が必要なものもある。精神症状のみられるものについては精神科と連携をとることが多いが，精神科については本人や保護者だけでなく校内のチーム内でも抵抗感をもつ者がいることも多く，SC等の専門家と連携をとりながら慎重に対応を進める必要がある。地域により児童思春期の子どもの精神症状を診る医者がいるかどうかが異なり，どの機関にかかるとよいかはSCやSSW等とよく検討したり，保健所や精神保健福祉センター等に情報提供を求めたりすることが大切である。

　学校において注意すべきなのは，「不登校」とは登校していない状態像を指す言葉であり，その背景には多種多様の事情があることを理解しなければならないことである。不登校の背景に精神症状が関わっている場合も，どのような疾患か，どのような症状があるのかによって対応が変わるものであり，一人ひとりに寄り添った対応が必要である。

　また，特別支援教育の合理的配慮や心理的な課題についても，受験や進学先への配慮の願いには医師の診断書が必要な場合も多く，そのような対応が必要なときに慌てて準備しなくてよいように，先を見越して早めに準備をしていくことが重要である。

(3) 司法・矯正領域の連携

　司法・矯正領域とは，主に子どもの非行や犯罪の分野での関わりとなる。この領域は，少年法による処遇の対象となる14歳以上の子どもへの対応が中心であることから，従来は中学校に連携の経験が偏ることが多かったが，近年では少年犯罪の低年齢化や小学校での暴力行為の増加に伴い，小学校でも連携の必要な例が増えている。

203

18歳未満の（児童福祉法による）児童に対しては，児童相談所が一旦介入することとなるが，同時並行で警察関係者の介入があることもある。児童相談所内に警察関係者が配置されている場合もあり，早期の連携が可能な場合もある。これらの介入は，児童生徒が加害者となった場合も被害者となった場合も連携の対象となるものである。

家庭裁判所を経て少年院送致となった場合や，児童相談所を経て児童自立支援施設に措置された場合でも，中学校卒業後の進学や就職等の進路指導については学校が分担することがあり，それぞれの機能をよく理解しておく必要がある。

福祉領域の説明でも述べたように，いじめ加害や非行の背景に発達障害等が関連している場合もあり，「非行だから警察」というような短絡的な考えをもつことなく，柔軟な考えをもつことも必要である。司法・矯正領域の機関である法務局もその職掌範囲内で不登校相談も行っていることはそのよい例である。

5. 学校における効果的な多職種連携

学校は地域の中で教育活動を行っており，学校教育そのものが地域社会に支えられており，日頃から緩やかなネットワークの中で連携をもっているものである。その中で，生徒指導上の諸問題が生じたときは，チーム学校による校内連携を基盤として，SCやSSW等の専門家に助言を求めながら，校内での対応をよりよく改善するほか，必要であれば地域にある関係機関と連携をとる。

表15-2には，学校の生徒指導上の諸問題と，それに関係し得る他機関の領域との関わりを示した。これを見てもわかるように，何らかの問題がどこか限定的な領域のみにしか関係しないということはなく，さまざまな領域との関わりがあるものである。また，どこかの機関と連携をとることで，その背景にあった問題が整理され，さらにほかの機関とも連携をとることで，何層にもわたって支援や連携が連なっていく場合もある。

児童生徒に関わる際，子どもを支える力は地域に多数存在することを忘れて

第 15 章　学校における効果的な多職種連携とはどのようなものか？

表 15-2　生徒指導上の諸問題の種別と連携し得る専門家・関係機関

	不登校	いじめ問題	暴力行為	児童虐待*	友人関係	貧困の問題*	ヤングケアラー	非行・不良行為	家庭環境（*の2つを除く）	教職員との関係	心身の健康・保健	学業・進路	発達障害	その他
SC・SSW 等の専門家	○	○	○	○	○	○	○	○	○	○	○	○	○	○
福祉領域	◎	○	○	◎	△	◎	◎	○	◎	△	○	○	◎	○
医療・保健領域	◎	○	○	◎	△	△	△	△	◎	△	◎	○	◎	○
司法・矯正領域	◎	○	◎	◎	△	△	△	◎	△	△	△	△	△	○

注）生徒指導上の諸問題の種別に関しては，SC の相談内容の区分に従った。
出所：筆者作成。

はならない。学校もまた子どもを支える地域のネットワークのひとつであるもの，義務教育として必ず子どもに関わる機関である学校の果たすべき役割は大きく，教師には地域の中で子どもを守り育てる視点と対応の柔軟さをもつことが求められる（表 15-2）。

> 本章で示したとおり，保護者・地域・関係機関との連携は，学校教育のさまざまな場面で多様に行われるものである。これは，教育基本法第 1 条に示された「(前略)平和で民主的な国家及び社会の形成者として必要な資質を備えた(後略)」という学校教育の目的に深く関わるものであり，地域の中に学校をどのように位置づけ，どのように社会全体で子どもたち(つまり将来の大人)を育てていくのかという，教育の在り方と密接な関わりがあることを示している。子どもたちが，将来，自己実現をし，充実した毎日を過ごすことができる，そのような個人の集合としての社会を目指すために，「今」の学校はどのように地域と連携することが望ましいだろうか。また，これは，学校教育以外の，医療・保健，福祉や司法・矯正等のほかの領域にも関わることである。学校で出合うさまざまな教育上の課題を解決するためにどのような連携が効果的だろうか。第 1 章から第 14 章までを，「連携」の観点から読み返すと，教育の幅はどのように広がるだろうか。今後も考え続けてほしい。

引用文献

国立教育政策研究所（2015）．キャリア教育・進路指導に関する総合的実態調査　子供たちの「見取り」と教育活動の「点検」——キャリア教育を一歩進める評価

福岡県臨床心理士会（編）窪田由紀（編著）（2020）．学校コミュニティへの緊急支援の手引き　第 3 版．金剛出版

文部科学省（2019）．地域学校協働活動　地域と学校でつくる学びの未来

文部科学省（2022a）．教育行政に係る法務相談体制構築に向けた手引き　第 2 版

文部科学省（2022b）．生徒指導提要（改訂版）
https://www.mext.go.jp/content/20230220-mxt_jidou01-000024699-201-1.pdf（2024 年 10 月 10 日閲覧）

U. S. Department of Education（2016）. "Practical Information on Crisis Planning Brochure".
https://www2.ed.gov/admins/leads/safety/crisisplanning.html（2024 年 1 月 29 日閲覧）

索 引

●あ
アサーションスキル　80
アセス（ASSESS）　65
アセスメント　63, 150
アセスメントツール　151
在り方答申　168
安全・安心　4, 61, 103, 143
安否確認　109

●い
家出　110
医学モデル　146
生きる力　168
育成相談　201
いじめの重大事態　79, 83
いじめの定義　74
いじめの四層構造　77
いじめ防止基本方針　77
いじめ防止教育　7
いじめ防止対策推進法　74
いじめ防止対策組織　108
一次的援助サービス　6, 46
医療機関　202
医療的ケア児　202
インクルーシブ教育システム　157
インターネット　107, 116
インターネット・ゲーム障害　107
インターンシップ　177, 178
インフォーマル集団　68

●え
援助要請スキル　79

●お
オーバードーズ（過剰摂取）　91

●か
加害者　74, 108, 121
学習指導要領　11, 32, 165, 172
過剰摂取（オーバードーズ）　91
課題遂行機能（P機能）　67
課題早期発見対応　8, 81

課題未然防止教育　7, 47, 80
課題予防的生徒指導　6, 199
学級活動　70
学級活動／ホームルーム活動　176
学級経営　157, 196
学級適応感　62
学級開き　61
学級風土　62
学級目標　61
学校いじめ防止基本方針　78
学校間連携　109
学校教育法　11, 23, 32
家庭裁判所　92, 204
家庭裁判所調査官　93
家庭訪問　105
カリキュラム・マネジメント　56, 174
観衆　77
感情制御　49, 88

●き
危機対応　199
基礎的・汎用的能力　168, 179
規範　61
規範意識　16, 51, 97
義務教育の段階における普通教育に相当する教育の機会の確保等に関する法律　103
逆境的小児期体験（ACE）　95
キャリア　185
キャリア・カウンセリング　182
キャリア教育　162, 166
キャリア・スタート・ウィーク　167
キャリア・パスポート　189
キャリア発達　162, 163
キャリア発達理論　163
教育課程　9, 165, 174
教育基本法　11, 31
教育支援センター　103
教育職員等による児童生徒性暴力等の防止等に関する法律　26, 40
教育相談コーディネーター　8, 78
教育的ニーズ　5, 46, 150
教育的予防　6

207

教育の機会均等　30
共感的人間関係　10
共感的理解　43, 103
矯正教育　94
共生社会　156
共同学習　156
協働的な学び　153
起立性調節障害　203
近隣地域　197

● く
ぐ犯少年　90
クライシスマネジメント　198
グルーミング　121
訓告　35

● け
計画的偶発性理論　186
ゲストティーチャー　196
欠課時数　111
欠席日数　111
原級留置　111
限局性学習症　147
健康観察　65
健康増進法　38
原則逆送　93

● こ
向社会性　63
構成的グループ・エンカウンター　63
校則　37
校内委員会　155
校務分掌　19, 193
合理的（な）配慮　148, 153, 201
心の健康観察　8
心のバリアフリー　156
個人情報　120, 150
こども基本法　33
子どもの貧困　192
個別最適化　118
個別最適な学び　10
個別指導　26, 40, 47, 61, 123, 153
個別の教育支援計画　149
個別の指導計画　149
雇用の分野における男女の均等な機会及び待遇
　の確保等に関する法律（男女雇用機会均等
　法）　40

困難課題対応的生徒指導　6, 9, 81
コンプライアンス　22

● さ
三次的援助サービス　6, 46
三者面談　182

● し
支援計画　105
自己決定　4, 11
自己肯定感　4, 158
自己効力感　81
自己実現　3, 12, 32, 176
自己指導能力　3
自己存在感　4
自己評価　22, 188
自己有用感　4
自殺予防教育　7
事実上の懲戒　35
支持的風土　157
思春期　121
自尊心　51
児童委員　140
児童買春・児童ポルノ禁止法　121
児童虐待　109, 132, 192, 201
児童虐待の防止等に関する法律　42, 133
児童自立支援施設　94
児童生徒の問題行動・不登校等生徒指導上の諸
　課題に関する調査　75, 88, 102, 127
児童生徒理解　17, 96
児童相談所　92, 109, 135, 201, 204
児童の権利に関する条約　32
児童福祉法　93, 133
児童養護施設　94
自閉スペクトラム症（ASD）　89, 147
司法・矯正　203
司法面接　97
社会参加　156
社会資源　110, 192
社会性　48
社会性と情動の学習（SEL）　48, 81
社会性と情動のコンピテンス　49
社会的資質・能力　7
社会的障壁　148
社会的・職業的自立　168, 172
社会モデル　146
重層的支援構造モデル　5

208

索　引

10 代の妊娠　123
集団維持機能（M 機能）　67
集団指導　61
出席停止　36, 97
主任児童委員　140
準拠集団　60
障害者基本法　156
障害者差別解消法（障害を理由とする差別の解
　消の推進に関する法律）　148
障害相談　201
障害を理由とする差別の解消の推進に関する法
　律（障害者差別解消法）　148
常態的・先行的（プロアクティブ）生徒指導
　5, 46, 195
承認欲求　66
少年院　94, 204
少年鑑別所　93
少年サポートセンター　96
少年法　90, 203
情報モラル（教育）　7, 52, 127
職業観・勤労観　166
職業指導　164
職業選択理論　176
職場体験　167, 177
触法少年　90
所属欲求　62
自立　156
親権　134
人権教育　7
身体的虐待　132
審判　93
心理教育プログラム　49
心理的虐待　132
進路指導　32, 60, 165, 174, 182, 193
進路相談　182

● す
スクールカースト　69
スクールカウンセラー（SC）　8, 64, 79, 96,
　104, 139, 151, 195
スクールソーシャルワーカー（SSW）　33, 79,
　96, 108, 139, 195
スクールロイヤー　195
スクリーニング　8
ストレスマネジメント教育　80

● せ
性　121
性化行動　141
生活習慣の確立　148
性感染症　122, 125
性的虐待　132
性的マイノリティ　80, 126
生徒指導計画　17
生徒指導主事　8, 19, 78, 96, 192
生徒指導体制　16
生徒指導提要　2, 23, 31, 46, 94, 110, 146
生徒指導の定義　2
生徒指導の評価　21
性暴力　23, 40, 126
生命心身財産重大事態　83
セクシャルハラスメント　126
接続答申　166
専門機関　200

● そ
総合的な学習／探究の時間　12, 56, 178
ソーシャル・スキル　62
即応的・継続的（リアクティブ）生徒指導　5
組織的な指導　16
組織風土　67

● た
退学　35
怠学　110
体験活動　177
第三者委員会　84
対人葛藤　69
体罰　23, 25, 40
多職種連携　204
田中ビネー知能検査V　151
男女雇用機会均等法（雇用の分野における男女
　の均等な機会及び待遇の確保等に関する法
　律）　40

● ち
地域学校協働活動　194
地域資源　198
チーム（としての）学校　17, 104, 108, 192
チャイルド・マルトリートメント　137
注意欠如多動症（ADHD）　89, 147
中途退学　112, 166, 184
懲戒　23, 35

209

治療的予防　6

●つ
通級　112
通級による指導　156
通告　93, 135, 201

●て
停学　35
デートDV　126

●と
登校刺激　104
道徳教育　11
特性　155
特性・因子論　163, 176
特別活動　12, 175
特別支援学級　156
特別支援学校　156
特別支援教育　112, 146
特別支援教育コーディネーター　79, 155
ドメスティック・バイオレンス（DV）　137

●に
二次障害　89
二次的援助サービス　6, 46
日本国憲法　30
認知処理様式　154
認知能力　49

●ね
ネグレクト　132
ネットいじめ　76, 119, 127

●は
発達支持的生徒指導　7, 79
発達障害　89, 146
ハラスメント　39
犯罪少年　90

●ひ
被害者　74, 97, 108, 121
非行　90, 96, 192
非行少年　90
非行相談　201
非行防止　7
1人1台端末　118

非認知能力　49

●ふ
ファシリテーター　63
フォーマル集団　68
福祉事務所　109, 201
福祉犯罪　121
不適切な指導　23, 43, 110
不適切な養育　89, 137
不登校　2, 9, 17, 43, 52, 63, 83, 102, 137, 146, 166, 192
不登校重大事態　83
不本意入学　166
不良行為　95
不良行為少年　90

●ほ
放課後等デイサービス　201
傍観者　77
報告・連絡・相談　192
法的懲戒　35
法務少年支援センター　96
暴力行為　37, 88, 96, 137, 146, 203
法令遵守　22
保健所　109
保健相談　201
保護観察　94
保護観察官　94
保護司　94
保護処分　93

●ま
マッチング理論　186
学びの多様化学校　103

●み
未成年後見人　134
未成年者飲酒禁止法　38
未然防止教育　5
民生委員　140

●や
薬物乱用　51, 95
ヤングケアラー　110, 192

●ゆ
有形力の行使　41

索　引

ユニバーサルデザイン　152

● よ

養護相談　201
要保護児童　93, 140
要保護児童対策地域協議会　140, 201
予防・開発的アプローチ　47, 196
予防教育　51

● ら

ライフ・キャリアの虹　163

● り

リーダーシップ　67
療育　201
療育手帳　202

● れ

レジリエンス　80

● ろ

労働施策総合推進法（労働施策の総合的な推進
　並びに労働者の雇用の安定及び職業生活の充
　実等に関する法律）　40
労働施策の総合的な推進並びに労働者の雇用の
　安定及び職業生活の充実等に関する法律（労
　働施策総合推進法）　40
ロールプレイング　54

● わ

若者自立・挑戦プラン　167

● A-Z

ACE（逆境的小児期体験）　95
ADHD（注意欠如多動症）　89, 147
ASD（自閉スペクトラム症）　89, 147
ASSESS（アセス）　65
DN-CAS 認知評価システム　151
DV（ドメスティック・バイオレンス）　137
GIGA スクール構想　81, 118
hyper-QU　65
ICT　116, 153
KABC-Ⅱ心理・教育アセスメントバッテリー
　151
LGBTQ+　80, 125
M 機能（集団維持機能）　67
PDCA サイクル　21, 65, 149, 174, 194

PM 理論　67
P 機能（課題遂行機能）　67
RV-PDCA サイクル　21
SC（スクールカウンセラー）　8, 64, 79, 96,
　104, 139, 151, 195
SEL（社会性と情動の学習）　48, 81
S-M 社会生活能力検査第 3 版　151
SNS いじめ　119, 127
Society5.0　118
SOGI　126
SOS の出し方教育　52
SSW（スクールソーシャルワーカー）　33, 79,
　96, 108, 139, 195
VRT 職業興味検査　186
WISC-Ⅴ知能検査　151

211

執筆者紹介

山田洋平（やまだ　ようへい）第 1 章，第 2 章
福岡教育大学　准教授
主著『社会性と情動の学習（SEL-8S）の進め方——小学校編・中学校編』（共著）ミネルヴァ書房，2011
年
　　『対人関係と感情コントロールのスキルを育てる中学生のための SEL コミュニケーションワー
ク』（単著）明治図書出版，2020 年

河内祥子（かわち　しょうこ）第 3 章
福岡教育大学　教授
主著『イラストと設題で学ぶ 学校のリスクマネジメントワークブック』（共著）時事通信社，2017 年
　　『新訂第 4 版　図解・表解教育法規——"確かにわかる"法規・制度の総合テキスト』（共著）教
育開発研究所，2021 年

小泉令三（こいずみ　れいぞう）第 4 章
編著者紹介欄参照。

黒川雅幸（くろかわ　まさゆき）第 5 章，第 6 章
編著者紹介欄参照。

鹿島なつめ（かしま　なつめ）第 7 章
西南学院大学　准教授
主著『キーワード 生徒指導・教育相談・キャリア教育——子どもの成長と発達のための支援』（共著）
　　北大路書房，2019 年

友清由希子（ともきよ　ゆきこ）第 8 章
編著者紹介欄参照。

樋口善之（ひぐち　よしゆき）第 9 章
福岡教育大学　准教授
主著『キーワード 生徒指導・教育相談・キャリア教育——子どもの成長と発達のための支援』（共著）
　　北大路書房，2019 年
　　『学校保健ハンドブック　第 8 次改訂』（共著）ぎょうせい，2024 年

満身史織（みつみ　しおり）第 10 章
福岡大学　講師
主著『不登校——ネットワークを生かした多面的援助の実際』（共著）金剛出版，2010 年

牛島　玲（うしじま　りょう）第 11 章
福岡教育大学　教授

石嶺ちづる（いしみね　ちづる）**第 12 章，第 13 章**
愛知教育大学　准教授
主著『キャリア教育』（共著）ミネルヴァ書房，2018 年
　　『新版　キャリア教育概説』（共著）東洋館出版，2020 年

高綱睦美（たかつな　むつみ）**第 14 章**
愛知教育大学　准教授
主著『新版　キャリア教育概説』（共著）東洋館出版，2020 年
　　『生徒指導・進路指導の理論と方法』（共著）北樹出版，2021 年

中島　良（なかしま　りょう）**第 15 章**
福岡教育大学　非常勤講師
主著『精神科クリニックにおける精神療法──認知行動療法・マインドフルネス・森田療法をむすぶ
　　弁証法的治療』（共著）金剛出版，2018 年
　　『カウンセリングの本質を考える 2　ロジャーズの中核三条件 受容──無条件の積極的関心』（共
　　訳）創元社，2015 年

編著者紹介

友清由希子（ともきよ　ゆきこ）
福岡教育大学　教授
主著『心理臨床のフロンティア──若手臨床家の多様な実践と成長』（共著）創元社，2012 年
　　『キーワード 生徒指導・教育相談・キャリア教育──子どもの成長と発達のための支援』（共編著）北大路書房，2019 年

黒川雅幸（くろかわ　まさゆき）
愛知教育大学　准教授
主著『ライブラリ心理学を学ぶ 7　集団と社会の心理学』（共著）サイエンス社，2023 年
　　『キーワード 教育心理学──学びと育ちの理解から教員採用試験対策まで』（共著）北大路書房，2013 年

小泉令三（こいずみ　れいぞう）
福岡教育大学　名誉教授
主著『校内研究の新しいかたち──エビデンスにもとづいた教育課題解決のために』（共著）北大路書房，2020 年
　　『キーワード キャリア教育──生涯にわたる生き方教育の理解と実践』（共編著）北大路書房，2016 年

問い続ける　学び続ける　生徒指導・キャリア教育

2024 年 12 月 20 日　初版第 1 刷発行

編　著　者	友　清　由　希　子
	黒　川　雅　幸
	小　泉　令　三

発　行　所　　㈱北大路書房
〒603-8303　京都市北区紫野十二坊町 12-8
　　　　　　　電話代表　　（075）431-0361
　　　　　　　Ｆ Ａ Ｘ　　（075）431-9393
　　　　　　　振替口座　　01050-4-2083

ⓒ 2024
編集／デザイン鱗
装丁／こゆるぎデザイン
印刷・製本／創栄図書印刷（株）
落丁・乱丁本はお取り替えいたします。
定価はカバーに表示してあります。

Printed in Japan
ISBN978-4-7628-3268-0

JCOPY 〈㈳出版者著作権管理機構 委託出版物〉
本書の無断複写は著作権法上での例外を除き禁じられています。複写される場合は，
そのつど事前に，㈳出版者著作権管理機構（電話 03-5244-5088，FAX 03-5244-5089，
e-mail: info@jcopy.or.jp）の許諾を得てください。

──────── 北大路書房の好評関連書 ────────

学びを育む　教育の方法・技術とICT活用
教育工学と教育心理学のコラボレーション
岩﨑千晶・田中俊也　編著
ISBN　978-4-7628-3242-0　A5判・304頁・2,300円（税別）

対話によって人は学び，知識が構成される。学びのメカニズムをふまえながら，いかに適切な教育方法を採用して授業設計するかについて解説。ICTを活用した個別最適な学び・協働的な学びへの道筋を探求する。教職課程コアカリキュラム「教育の方法及び技術」と「情報通信技術を活用した教育の理論及び方法」に対応。

学校現場で役立つ　教育相談
教師をめざす人のために
藤原和政・谷口弘一　編著
ISBN　978-4-7628-3125-6　A5判・296頁・2,200円（税別）

目の前にいる子どもの抱える問題を理解するために，今日の学校現場で求められる教育相談について解説する。最新の研究知見と具体的な対応の両面を網羅して，教育相談の意義と課題，カウンセリングやアセスメント，子ども発達課題や問題行動，関係機関との連携のあり方などを論じる。教職課程コアカリキュラムに準拠。

学校現場で役立つ　教育心理学
教師をめざす人のために
藤原和政・谷口弘一　編著
ISBN　978-4-7628-3179-9　A5判・292頁・2,300円（税別）

個別最適な学びと協働的な学びを実現するためのベースとなる，子どもの発達と学習に関する基礎理論や最新の研究知見を紹介。第1部では，言語や認知，発達的課題といった心身の発達に関連する内容を取りあげる。第2部では学習過程や知能・学力，教育評価等，学習に関する内容を解説する。教職課程コアカリキュラム準拠。

教育の方法と技術　Ver.2（改訂版）
IDとICTでつくる主体的・対話的で深い学び
稲垣　忠　編著
ISBN　978-4-7628-3212-3　A5判・264頁・2,200円（税別）

授業のつくり方をID（インストラクショナルデザイン）の考え方にならって詳説した好評テキストが，新設のコアカリキュラムにも対応して増補改訂。ICTを活用しながら学習指導案をつくり，実践し，振り返りができるように各章を配列した。章末問題でポイントを再確認でき，巻末の付録は本書ウェブサイトから入手可能。

ICT活用の理論と実践
DX時代の教師をめざして
稲垣　忠・佐藤和紀　編著
ISBN　978-4-7628-3180-5　A5判・184頁・2,000円（税別）

令和4年度新設の教職課程コアカリキュラム「情報通信技術を活用した教育に関する理論及び方法」に対応。校務や授業のデジタル化により，ICT活用のスキルがいまや教師に必須となった。教育メディアに関する諸理論，個別最適な学びや協働的な学びを実現するICTの活用法，情報活用能力を育む指導の要点など幅広く解説。

（税抜き価格で表示しています。）